## 숫자 읽기 → 141p 참고

| 0 零 れい/ゼロ 레-/제로 | 1 一 いち 이찌 | 2 二 に 니 | 3 三 さん 산 | 4 四 し/よん 시/욘 | 5 五 ご 고 | 6 六 ろく 로꾸 | 7 七 しち/なな 시찌/나나 | 8 八 はち 하찌 |
| --- | --- | --- | --- | --- | --- | --- | --- | --- |
| 9 九 きゅう/く 큐-/쿠 | 10 十 じゅう 쥬- | 11 十一 じゅういち 쥬-이찌 | 12 十二 じゅうに 쥬-니 | 13 十三 じゅうさん 쥬-산 | 14 十四 じゅうよん 쥬-욘 | 15 十五 じゅうご 쥬-고 | 16 十六 じゅうろく 쥬-로꾸 | 17 十七 じゅうなな 쥬-나나 |
| 18 十八 じゅうはち 쥬-하찌 | 19 十九 じゅうきゅう 쥬-큐- | 20 十 にじゅう 니쥬- | 21 二十一 にじゅういち 니쥬-이찌 | 30 三十 さんじゅう 산쥬- | 40 四十 よんじゅう 욘쥬- | 50 五十 ごじゅう 고쥬- | 60 六十 ろくじゅう 로꾸쥬- | 70 七十 ななじゅう 나나쥬- |
| 80 八十 はちじゅう 하찌쥬- | 90 九十 きゅうじゅう 큐-쥬- | 100 百 ひゃく 햐꾸 | 200 二百 にひゃく 니햐꾸 | 300 三百 さんびゃく 삼뱌꾸 | 400 四百 よんひゃく 욘햐꾸 | 500 五百 ごひゃく 고햐꾸 | 600 六百 ろっぴゃく 롭빠꾸 | 700 七百 ななひゃく 나나햐꾸 |
| 800 八百 はっぴゃく 합빠꾸 | 900 九百 きゅうひゃく 큐-햐꾸 | 1000 千 せん 센 | 2000 二千 にせん 니센 | 3000 三千 さんぜん 산젠 | 4000 四千 よんせん 욘센 | 5000 五千 ごせん 고센 | 6000 六千 ろくせん 록센 | 7000 七千 ななせん 나나센 |
| 8000 八千 はっせん 핫센 | 9000 九千 きゅうせん 큐-센 | 10,000 一万 いちまん 이찌망 | 100,000 十万 じゅうまん 쥬-망 | 1,000,000 百万 ひゃくまん 햐꾸망 | 10,000,000 千万 せんまん 센망 | 100,000,000 一億 いちおく 이찌오꾸 | | |

## :날짜 말하기 → 155p 참고

### ★ 월

| 1月 | 2月 | 3月 | 4月 | 5月 | 6月 |
|---|---|---|---|---|---|
| いちがつ<br>이찌가쯔 | にがつ<br>니가쯔 | さんがつ<br>산가쯔 | しがつ<br>시가쯔 | ごがつ<br>고가쯔 | ろくがつ<br>로꾸가쯔 |
| 7月 | 8月 | 9月 | 10月 | 11月 | 12月 |
| しちがつ<br>시찌가쯔 | はちがつ<br>하찌가쯔 | くがつ<br>쿠가쯔 | じゅうがつ<br>쥬ー가쯔 | じゅういちがつ<br>쥬ー이찌가쯔 | じゅうにがつ<br>쥬ー니가쯔 |

### ★ 날짜

| 1日 | 2日 | 3日 | 4日 | 5日 | 6日 | 7日 |
|---|---|---|---|---|---|---|
| ついたち<br>츠이타찌 | ふつか<br>후츠까 | みっか<br>믹까 | よっか<br>욕까 | いつか<br>이츠까 | むいか<br>무이까 | なのか<br>나노까 |
| 8日 | 9日 | 10日 | 11日 | 12日 | 13日 | 14日 |
| ようか<br>요ー까 | ここのか<br>코꼬노까 | とおか<br>도ー까 | じゅういちにち<br>쥬ー이찌니찌 | じゅうににち<br>쥬ー니니찌 | じゅうさんにち<br>쥬ー산니찌 | じゅうよっか<br>쥬ー욕까 |
| 15日 | 16日 | 17日 | 18日 | 19日 | 20日 | 21日 |
| じゅうごにち<br>쥬ー고니찌 | じゅうろくにち<br>쥬ー로꾸니찌 | じゅうしちにち<br>쥬ー시찌니찌 | じゅうはちにち<br>쥬ー하찌니찌 | じゅうくにち<br>쥬ー쿠니찌 | はつか<br>하츠까 | にじゅういちにち<br>니쥬ー이찌니찌 |
| 22日 | 23日 | 24日 | 25日 | 26日 | 27日 | 28日 |
| にじゅうににち<br>니쥬ー니니찌 | にじゅうさんにち<br>니쥬ー산니찌 | にじゅうよっか<br>니쥬ー욧까 | にじゅうごにち<br>니쥬ー고니찌 | にじゅうろくにち<br>니쥬ー로쿠니찌 | にじゅうしちにち<br>니쥬ー시찌니찌 | にじゅうはちにち<br>니쥬ー하찌니찌 |
| 29日 | 30日 | 31日 | 며칠 | | | |
| にじゅうくにち<br>니쥬ー쿠니찌 | さんじゅうにち<br>산쥬ー니찌 | さんじゅういちにち<br>산쥬ー이찌니찌 | なんにち<br>난니찌 | | | |

히라가나부터 기본 문법 * 회화까지

# 이것이 독학 일본어 첫걸음이다!

히라가나부터 기본 문법 ★ 회화까지

# 이것이 독학 일본어 첫걸음이다!

이화승 · 박소희 공저

# 머리말

여러분, 안녕하세요! 일본어의 세계에 오신 것을 환영합니다. ^o^

일본어는 우리말과 어순도 같고 비슷한 성격을 가진 언어입니다. 그래서 많은 분들이 일본어를 공부하려고 하십니다. 하지만 막상 혼자서 공부를 시작하려고 하면 엄두가 안 나서 무작정 히라가나만 외우다가 포기하진 않으셨나요? 온통 글자만 빽빽한 책을 보면 공부할 마음이 안 드셨다구요? 저 또한 지금까지 일본어 공부를 하면서 우선 책이 재미가 없으면 처음 몇 페이지만 보고 덮어두게 되더군요. 글씨만 주르륵 나열된 단어들을 외우다 지치기 일쑤였습니다.

〈이것이 독학 일본어 첫걸음이다!〉는 일본어 완전 초보자들이 혼자서도 쉽게, 재미있게 공부할 수 있도록 만들었습니다.

### 듣고! 일본어 본문 + 우리말 해석과 주제별 단어가 녹음된 MP3파일 제공

이 책은 일본어 문장을 일본인 남녀 성우가, 우리말 해석을 한국인 성우가 녹음했으므로 음원만 들어도 공부를 할 수 있습니다. 시간 날 때마다, 출퇴근할 때에도 바로바로 들어보세요. 반복해서 듣다보면 일본어에 금세 익숙해져서 자신감도 생길 것입니다.

### 보고! 내용 이해를 돕는 유머러스한 일러스트와 눈에 쏙쏙 들어오는 그림단어

본문의 내용 이해를 돕는 재미있는 일러스트가 있어 즐겁게 공부할 수 있습니다. 각 과마다 신체, 집, 과일, 옷, 직업 등 다양한 주제로 구성된 그림단어가 있어 더욱 쉽게 어휘를 익힐 수 있습니다.

### 말하고! 기초 학습자를 위한 한글 발음 표기, 부담 없이 따라 말해보자

언어란 듣기만 하고 직접 말해보지 않으면 기억도 잘 안 나고 제대로 발음할 수 없는 법. 일본어를 처음 배우시는 분들을 위해 본문 일본어 발음을 한글로 표기했습니다. 부담 없이 MP3파일을 들으며 원어민 발음에 비슷하게 따라 말해보세요! 정중한 말부터 친구 사이에 쓰는 말까지 연습할 수 있습니다.

### 읽고! 친절한 해설과 다양한 읽을거리

가려운 곳을 긁어주는 친절한 해설은 여러분이 혼자서도 공부할 수 있도록 도움을 줄 것입니다. 또한 본문 중간 중간 일본의 문화를 소개하는 여러 가지 읽을거리를 수록하였습니다. 일본 문화에 관심을 갖고 접하다보면 일본어 공부도 더 재미있게 느껴지거든요.

하루 한 과, 30일만 투자해 보세요. 일본어 초보 탈출, 결코 어렵지 않습니다.

저자 드림

# 이 책의 구성

### 히라가나부터 기본문법, 단어, 회화까지 한 번에!

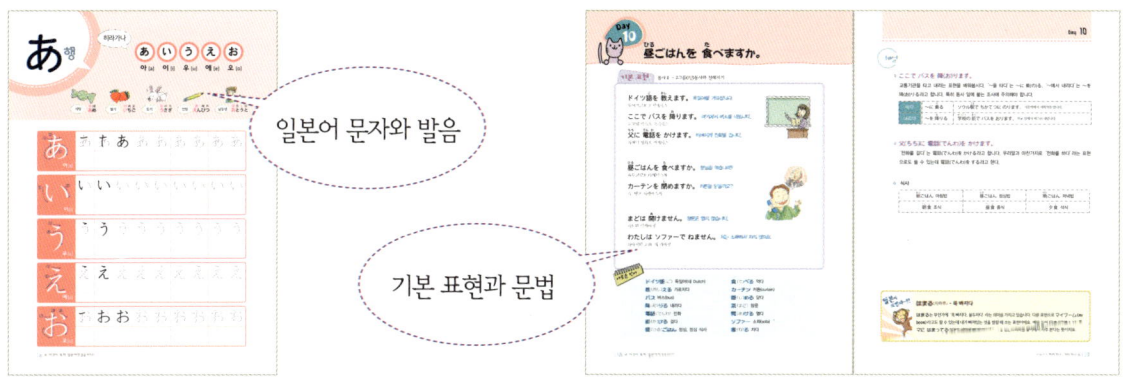

일본어의 알파벳, 히라가나와 카타카나를
일본 교과서 글씨체 그대로 직접 써보자!

기본 표현의 문장을 통해 기본 문법을 익히자!
친절한 해설이 있으니까 혼자서도 OK~

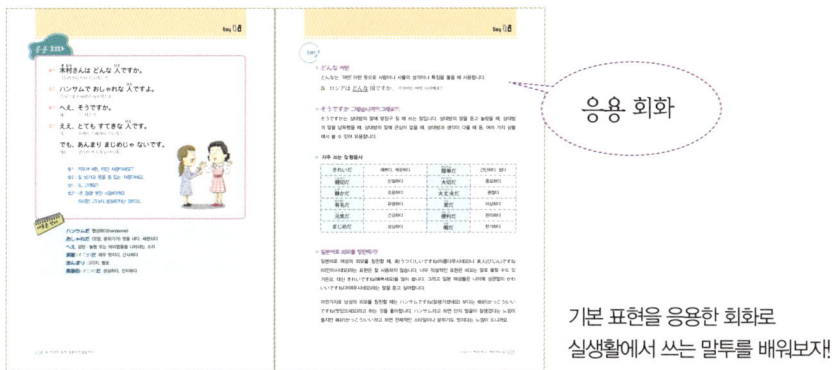

기본 표현을 응용한 회화로
실생활에서 쓰는 말투를 배워보자!

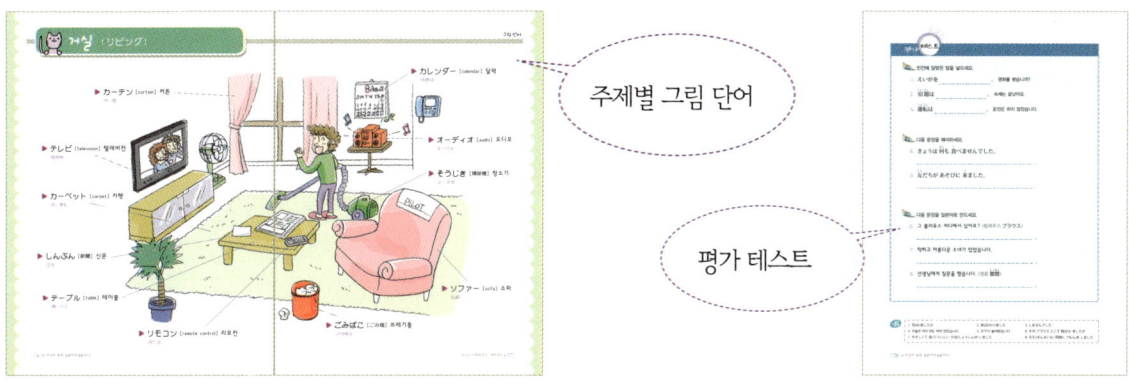

다양한 주제별 그림 단어로 쉽고 재미있게 어휘를 익히자!

평가 테스트로 그날 배운 내용을 복습하고 작문 연습도 해보자!

# 차 례

* 일본어의 문자 • 8
* 일본어 표기법 • 9
* 외래어 표기법 • 10
* 일본어 한자 읽기 • 11

## Part 1 일본어 문자 • 12

히라가나 청음 • 14    카타카나 청음 • 26    탁음·반탁음 • 36
요음 • 42              발음·촉음·장음 • 42    일본어 가나 표기 연습 • 48

## Part 2 일본어 첫걸음 • 50

**Day 01** おはようございます。 안녕하세요. • 52
얼굴, 몸 • 56

**Day 02** わたしは キム・ヨナです。 저는 김연아입니다. • 58
주택 • 62

**Day 03** あなたは 学生ですか。 당신은 학생입니까? • 65
방 • 70

**Day 04** これは 何ですか。 이것은 무엇입니까? • 72
거실 • 76

**Day 05** あの 人は だれですか。 저 사람은 누구입니까? • 78
욕실 • 82

**Day 06** ケータイは かばんの 中に あります。 휴대폰은 가방 안에 있어요. • 85
식사 • 90

**Day 07** この えいがは おもしろいです。 이 영화는 재미있어요. • 93
일본 음식 • 98

**Day 08** あそこは 有名な レストランです。 저곳은 유명한 레스토랑입니다. • 101
부엌 • 108

**Day 09** 友だちと カラオケに 行きます。 친구랑 노래방에 갑니다. • 110
옷 • 116

**Day 10** 昼ごはんを 食べますか。 점심을 먹습니까? • 118
스포츠 • 122

**Day 11** 犬と さんぽを します。 개와 산책을 합니다. • 125
일상 생활 • 130

**Day 12** きのうは 雨が 降りました。 어제는 비가 왔습니다. • 132
일상 생활 2 • 136

**Day 13** ラーメンは いくらですか。 라면은 얼마입니까? • 139
거리 • 144

| | | |
|---|---|---|
| Day 14 | 今 何時ですか。 지금 몇 시입니까? • 147 | |
| | 교통 • 152 | |
| Day 15 | いつ 東京へ 来ましたか。 언제 도쿄에 오셨나요? • 154 | |
| | 과일 • 158 | |
| Day 16 | 3時間ぐらい 待ちました。 3시간 정도 기다렸어요. • 160 | |
| | 채소 • 164 | |
| Day 17 | ノートパソコンを 持って 来ます。 노트북을 가지고 오겠습니다. • 167 | |
| | 동물 • 172 | |
| Day 18 | あなたの ことを 考えて いました。 당신을 생각하고 있었어요. • 175 | |
| | 새 • 178 | |
| Day 19 | がんばって ください。 힘내세요! • 181 | |
| | 벌레 • 184 | |
| Day 20 | 傘を 持たないで 出かけました。 우산을 가지지 않고 외출했습니다. • 187 | |
| | 물고기 • 192 | |
| Day 21 | 駅の 前で 友だちに 会った。 역 앞에서 친구를 만났어. • 194 | |
| | 꽃 • 200 | |
| Day 22 | 負けて 悔しかった。 져서 분했어. • 202 | |
| | 자연 • 206 | |
| Day 23 | 渋谷の 街は にぎやかだった。 시부야의 거리는 번화했다. • 209 | |
| | 색 • 214 | |
| Day 24 | 韓国ドラマが 好きです。 한국 드라마를 좋아합니다. • 216 | |
| | 반대말 1 • 222 | |
| Day 25 | 野球と サッカーと どちらが 好きですか。 야구와 축구 어느 쪽을 좋아하세요? • 224 | |
| | 반대말 2 • 228 | |
| Day 26 | 芸能人に なりたいです。 연예인이 되고 싶어요. • 230 | |
| | 질병 • 236 | |
| Day 27 | いっしょに 飲みに 行きませんか。 같이 한 잔 하러 가지 않을래요? • 238 | |
| | 직업 1 • 244 | |
| Day 28 | 宝くじに 当たったら、何でも おごるよ。 복권에 당첨되면 뭐든지 쏠게. • 246 | |
| | 직업 2 • 253 | |
| Day 29 | その ゆびわは 高そうですね。 그 반지는 비싸 보이네요. • 254 | |
| | 계절·날씨 • 260 | |
| Day 30 | ここに 座っても いいですか。 여기 앉아도 될까요? • 262 | |
| | 나무 • 267 | |

\* 일본 속담 • 268

# 일본어의 문자

일본어의 문자는 히라가나(ひらがな)와 카타카나(カタカナ)가 있고 여기에 한자(漢字)를 병행해서 사용합니다. 히라가나와 카타카나를 통틀어 가나(仮名)라고 하며, 한자의 일부를 빌려 만들어진 표음문자입니다.

## 1 히라가나 (ひらがな)

히라가나(ひらがな)는 초서체의 일부를 간단히 하여 만들어진 문자입니다. 붓으로 흘려 쓴 한자의 윤곽만 남았기 때문에 곡선적인 형태입니다. 우리가 일본어를 배울 때 가장 먼저 배우게 되는 문자이며 일반적으로 가장 많이 쓰이기 때문에 처음 시작할 때 확실히 익혀두어야 합니다.

예 こんにちは 콘니찌와 (안녕하세요〈낮인사〉)    おかあさん 오까─상 (어머니)

## 2 카타카나 (カタカナ)

카타카나(カタカナ)는 한자의 자획 일부에서 따오거나 단순화하여 만들어졌기 때문에 직선적인 형태입니다. 외래어·의성어·의태어·전보·광고문 등에 쓰거나 특별히 강조하고 싶은 부분에 부분적으로 사용합니다. 일본 잡지나 간판은 카타카나로 넘쳐날 정도로 일본에선 외래어를 많이 사용하므로 처음부터 확실히 외워둡시다.

예 テレビ 테레비 (텔레비전)    トマト 토마또 (토마토)

## 3 한자 (漢字)

일본어 문장은 주로 히라가나와 한자를 섞어 씁니다. 한자가 들어가면 문장의 의미파악이 쉽고 명확해집니다. 한자 읽기는 중국의 음을 따라 소리 나는 대로 읽는 음독(音讀)과 한자의 뜻으로 읽는 훈독(訓讀)이 있습니다. 우리와 달리 읽는 방법이 다양하며 일부 한자는 약자를 사용하므로 주의해야 합니다.

예 先 [ 음독 せん 셍 / 훈독 さき 사끼 ]    学 [ 음독 がく 가꾸 / 훈독 まなぶ 마나부 ]

# 일본어 표기법

## 1 마침표와 쉼표 (句読点)

### ★ 句点(くてん)

하나의 문장이 완전히 끝났을 때 사용하는 마침표를 일본어에서는 句点(くてん)이라고 합니다. 우리는 「.」를 사용하지만 일본어에서는 「。」를 사용합니다. 句点은 まる(동그라미)라고도 합니다.

### ★ 読点(とうてん)

문장을 일단 중지하거나, 이어짐이 분명하지 않으면 완전히 다른 의미가 되어버리는 곳에 쓰입니다. 가로쓰기의 경우 우리와 마찬가지로 「,」를, 세로쓰기의 경우「、」를 사용하지만 일본어 표기는 주로 세로쓰기이므로 가로쓰기와 세로쓰기에 상관없이 「、」로 표기하는 경우가 많습니다. 대체적으로 일본어는 한국어 문장보다 読点을 많이 사용합니다.

## 2 물음표와 느낌표

「?」와 「!」는 원칙적으로 사용하지 않습니다. 의문문의 경우 의문을 나타내는 조사 「-か」를 사용하고 물음표 대신 「。」를 사용합니다. 하지만 구어체에서는 반드시 조사 「-か」를 붙여 의문문을 만드는 것이 아니므로, 의문을 나타내기 위해 물음표를 붙이기도 합니다.

## 3 띄어쓰기를 하지 않는다

일본어에서는 띄어쓰기를 하지 않는 것이 원칙입니다. 그러나 어린이들을 위한 책이나 외국인을 위한 일본어 학습서에서는 이해를 돕기 위해 띄어쓰기를 하는 경우도 있습니다. 띄어쓰기를 하지 않는 일본어에서는 読点(、)을 사용해서 의미를 구분하고 가독성을 높이기도 합니다.

# 외래어 표기법

## 1 외래어의 [v] 발음

일본의 영화제목이나 잡지 등에는 카타카나 ウ에「 ゛」이 붙어있는 ヴ가 종종 등장하곤 합니다. 교과서에도 없는 이 글자는 어떻게 발음해야할까요? ヴ는 카타카나로 외래어를 표기할 때 v발음을 나타내기 위해 사용합니다. ヴ에 작은 모음을 붙인 형태로 쓰며, [va] [vi] [vu] [ve] [vo]는 각각「ヴァ」「ヴィ」「ヴ」「ヴェ」「ヴォ」로 표기합니다.

예 Louis Vuitton (루이뷔통)　ルイ・ヴィトン 루이뷔똥

하지만 예전에는 ヴ를 사용하는 표기가 존재하지 않아 [v]음을 バ행을 사용하여 표현했습니다. 아래의 단어들은 バ행을 사용하는 것이 일반적으로 굳어진 경우입니다.

〈일반적인 표기〉　〈ヴ를 사용한 표기〉

예　violin　バイオリン 바이오링　ヴァイオリン 봐이오링
　　Venus　ビーナス 비-나스　ヴィーナス 뷔-나스
　　vest　ベスト 베스또　ヴェスト 붸스또

## 2 외래어의 [f] 발음

외래어의 f발음을 보다 원음에 가깝게 표기하기 위해 카타카나 フ에 작은 모음을 붙인 형태로 사용합니다. 즉, [fa] [fi] [fu] [fe] [fo]는 각각「ファ」「フィ」「フ」「フェ」「フォ」로 표기합니다.

예　file　ファイル 화이루
　　film　フィルム 휘루무
　　fork　フォーク 훠-꾸

## 3 외래어의 [ti] [di] 발음

외래어 [ti] [di]의 발음은 テ, デ에 작은 모음 ィ를 붙입니다. 즉, [ti] [di]는 각각「ティ」「ディ」로 표기합니다.

예　party　パーティー 파-띠-
　　building　ビルディング 비루딩구

# 일본어 한자 읽기

## 1 오쿠리가나 送り仮名

한자와 가나(仮名)를 섞어 쓰는 단어에서 한자의 오른쪽 옆에 붙는 가나 부분을 오쿠리가나라고 합니다. 한자의 읽는 방법을 확정 짓기 위해 사용하며 한자로만 이루어진 단어에서는 사용하지 않습니다. 같은 한자라도 뒤에 달린 오쿠리가나에 따라 읽는 방법이 달라지므로 주의합시다.

예) 明るい 아까루이 (밝다)    食べる 타베루 (먹다)

\* 오쿠리가나에 따라 한자 읽는 법이 달라지는 경우

예) 出る 데루 (나가다)    苦しい 쿠루시- (괴롭다)
    出す 다스 (내다)      苦い 니가이 (쓰다)

## 2 후리가나 振り仮名

일본어에서 한자를 읽는 방법을 나타내기 위해 주위에 작게 가나를 달아 놓은 것을 후리가나라고 합니다. 가로쓰기인 경우 일반적으로 글자 위에, 세로쓰기인 경우 글자의 오른쪽에 주로 씁니다. 어려운 한자나 어린이나 외국인을 위한 책에는 학습자의 이해를 돕기 위해 붙이지만, 일반적인 표기에는 붙이지 않으므로 평소에 한자 읽는 법을 잘 숙지해야합니다. 후리가나는 루비(ルビ)라고도 합니다.

예) 韓国 캉꼬꾸 (한국)    来る 쿠루 (오다)
    顔 카오 (얼굴)        寒い 사무이 (춥다)

ひらがな

カタカナ

# Part 1
# 일본어 문자

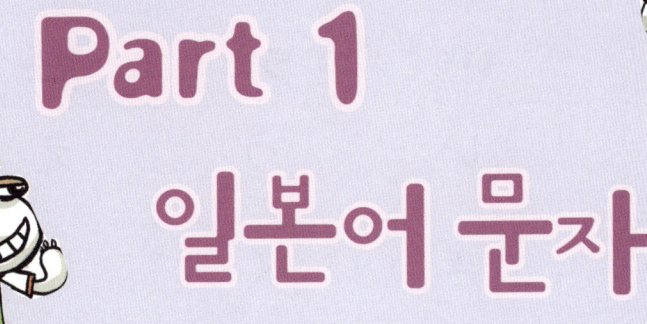

★ 청음(淸音)

★ 탁음(濁音) · 반탁음(半濁音)

★ 요음(拗音)

★ 촉음(促音) · 발음(撥音) · 장음(長音)

## 청음 (清音)

성대를 울리지 않고 내는 맑은 소리입니다. 탁점(゛)이나 반탁점(゜)을 붙이지 않는 글자로 일본 문자의 기본인 50음도를 말합니다.

| 단(段)<br>행(行) | あ단 | い단 | う단 | え단 | お단 |
|---|---|---|---|---|---|
| あ행 | あ<br>a 아 | い<br>i 이 | う<br>u 우 | え<br>e 에 | お<br>o 오 |
| か행 | か<br>ka 카 | き<br>ki 키 | く<br>ku 쿠 | け<br>ke 케 | こ<br>ko 코 |
| さ행 | さ<br>sa 사 | し<br>shi 시 | す<br>su 스 | せ<br>se 세 | そ<br>so 소 |
| た행 | た<br>ta 타 | ち<br>chi 치 | つ<br>tsu 츠 | て<br>te 테 | と<br>to 토 |
| な행 | な<br>na 나 | に<br>ni 니 | ぬ<br>nu 누 | ね<br>ne 네 | の<br>no 노 |
| は행 | は<br>ha 하 | ひ<br>hi 히 | ふ<br>fu 후 | へ<br>he 헤 | ほ<br>ho 호 |
| ま행 | ま<br>ma 마 | み<br>mi 미 | む<br>mu 무 | め<br>me 메 | も<br>mo 모 |
| や행 | や<br>ya 야 | | ゆ<br>yu 유 | | よ<br>yo 요 |
| ら행 | ら<br>ra 라 | り<br>ri 리 | る<br>ru 루 | れ<br>re 레 | ろ<br>ro 로 |
| わ행 | わ<br>wa 와 | | | | を<br>o 오 |
| | ん<br>n,m,ng 응 | | | | |

を 자판 입력시에는 wo를 사용함.

카타카나는 외래어를 표기할 때 주로 쓰입니다. 한자의 일부를 따서 만든 글자라서 딱딱하게 생겼답니다. 히라가나로 쓰는 단어라도 강조할 때는 카타카나를 사용하기도 합니다.

| 단(段) 행(行) | ア단 | イ단 | ウ단 | エ단 | オ단 |
|---|---|---|---|---|---|
| ア행 | ア<br>a 아 | イ<br>i 이 | ウ<br>u 우 | エ<br>e 에 | オ<br>o 오 |
| カ행 | カ<br>ka 카 | キ<br>ki 키 | ク<br>ku 쿠 | ケ<br>ke 케 | コ<br>ko 코 |
| サ행 | サ<br>sa 사 | シ<br>si 시 | ス<br>su 스 | セ<br>se 세 | ソ<br>so 소 |
| タ행 | タ<br>ta 타 | チ<br>chi 치 | ツ<br>tsu 츠 | テ<br>te 테 | ト<br>to 토 |
| ナ행 | ナ<br>na 나 | ニ<br>ni 니 | ヌ<br>nu 누 | ネ<br>ne 네 | ノ<br>no 노 |
| ハ행 | ハ<br>ha 하 | ヒ<br>hi 히 | フ<br>fu 후 | ヘ<br>he 헤 | ホ<br>ho 호 |
| マ행 | マ<br>ma 마 | ミ<br>mi 미 | ム<br>mu 무 | メ<br>me 메 | モ<br>mo 모 |
| ヤ행 | ヤ<br>ya 야 | | ユ<br>yu 유 | | ヨ<br>yo 요 |
| ラ행 | ラ<br>ra 라 | リ<br>ri 리 | ル<br>ru 루 | レ<br>re 레 | ロ<br>ro 로 |
| ワ행 | ワ<br>wa 와 | | | | ヲ<br>o 오 |
| | ン<br>n,m,ng 응 | | | | |

자판 입력시에는 wo를 사용함.

# あ 행

> 히라가나

아[a] 이[i] 우[u] 에[e] 오[o]

사탕 아메
あめ

딸기 이찌고
いちご

토끼 우사기
うさぎ

연필 엠삐쯔
えんぴつ

남동생 오또-또
おとうと

| あ 아[a] | あ | あ | あ | あ | あ | あ | あ | あ | あ |
|---|---|---|---|---|---|---|---|---|---|
| | | | | | | | | | |

| い 이[i] | い | い | い | い | い | い | い | い | い |
|---|---|---|---|---|---|---|---|---|---|
| | | | | | | | | | |

| う 우[u] | う | う | う | う | う | う | う | う | う |
|---|---|---|---|---|---|---|---|---|---|
| | | | | | | | | | |

| え 에[e] | え | え | え | え | え | え | え | え | え |
|---|---|---|---|---|---|---|---|---|---|
| | | | | | | | | | |

| お 오[o] | お | お | お | お | お | お | お | お | お |
|---|---|---|---|---|---|---|---|---|---|
| | | | | | | | | | |

# か행

히라가나

**か　き　く　け　こ**

**카** [ka]　**키** [ki]　**쿠** [ku]　**케** [ke]　**코** [ko]

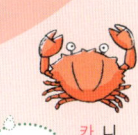

게 かに (카니)

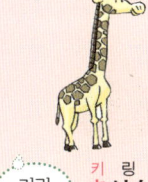

기린 きりん (키링)

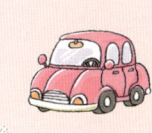

자동차 くるま (쿠루마)

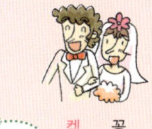

결혼 けっこん (켁꽁)

애인 こいびと (코이비또)

| | | | | | | | | | |
|---|---|---|---|---|---|---|---|---|---|
| か 카[ka] | か | か | か | か | か | か | か | か | か |
| き 키[ki] | き | き | き | き | き | き | き | き | き |
| く 쿠[ku] | く | く | く | く | く | く | く | く | く |
| け 케[ke] | け | け | け | け | け | け | け | け | け |
| こ 코[ko] | こ | こ | こ | こ | こ | こ | こ | こ | こ |

# さ 행

히라가나

さ 사 [sa]　し 시 [shi]　す 스 [su]　せ 세 [se]　そ 소 [so]

물고기　사 까 나
さかな

사슴　시 까
しか

수박　스 이 까
すいか

선생님　셴 세 ―
せんせい

하늘　소 라
そら

## さ 사[sa]
さ さ さ さ さ さ さ さ さ

## し 시[shi]
し し し し し し し し し

## す 스[su]
す す す す す す す す す

## せ 세[se]
せ せ せ せ せ せ せ せ

## そ 소[so]
そ そ そ そ そ そ そ そ そ

# た행

히라가나

た ち つ て と
타 [ta]　치 [chi]　츠 [tsu]　테 [te]　토 [to]

태양　타 いよう　　지하철 치 かてつ　　달 츠 き　　장갑 테 ぶくろ　　새 토 り
　　　た　　　　　　　ち　　　　　　つ　　　　　　て　　　　　　と

| 타 [ta] | た | た | た | た | た | た | た | た |
| 치 [chi] | ち | ち | ち | ち | ち | ち | ち | ち |
| 츠 [tsu] | つ | つ | つ | つ | つ | つ | つ | つ |
| 테 [te] | て | て | て | て | て | て | て | て |
| 토 [to] | と | と | と | と | と | と | と | と |

# な행

> 히라가나

## な に ぬ ね の
나[na] 니[ni] 누[nu] 네[ne] 노[no]

 여름 なつ (나쯔)

 짐 にもつ (니모쯔)

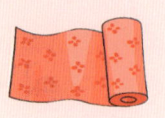 천 ぬの (누노)

 고양이 ねこ (네꼬)

 풀 のり (노리)

| な 나[na] | な な な な な な な な な |
| --- | --- |
| に 니[ni] | に に に に に に に に に |
| ぬ 누[nu] | ぬ ぬ ぬ ぬ ぬ ぬ ぬ ぬ ぬ |
| ね 네[ne] | ね ね ね ね ね ね ね ね ね |
| の 노[no] | の の の の の の の の の |

# は행

히라가나

は ひ ふ へ ほ
하[ha] 히[hi] 후[fu] 헤[he] 호[ho]

꽃 **하 나**<br>**はな**　　해바라기 **히 마 와 리**<br>**ひまわり**　　배 **후 네**<br>**ふね**　　뱀 **헤 비**<br>**へび**　　별 **호 시**<br>**ほし**

| は 하[ha] | は は は は は は は は は |
|---|---|
| ひ 히[hi] | ひ ひ ひ ひ ひ ひ ひ ひ ひ |
| ふ 후[fu] | ふ ふ ふ ふ ふ ふ ふ ふ ふ |
| へ 헤[he] | へ へ へ へ へ へ へ へ へ |
| ほ 호[ho] | ほ ほ ほ ほ ほ ほ ほ ほ ほ |

# ま 행

히라가나

| ま | み | む | め | も |
|---|---|---|---|---|
| 마 [ma] | 미 [mi] | 무 [mu] | 메 [me] | 모 [mo] |

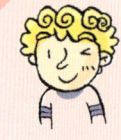

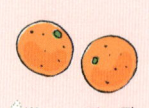

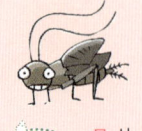

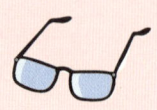

손자 まご (마고)

귤 みかん (미깡)

벌레 むし (무시)

안경 めがね (메가네)

복숭아 もも (모모)

| | | | | | | | | | |
|---|---|---|---|---|---|---|---|---|---|
| ま 마[ma] | ま | ま | ま | ま | ま | ま | ま | ま | ま |
| み 미[mi] | み | み | み | み | み | み | み | み | み |
| む 무[mu] | む | む | む | む | む | む | む | む | む |
| め 메[me] | め | め | め | め | め | め | め | め | め |
| も 모[mo] | も | も | も | も | も | も | も | も | も |

 행

히라가나

や ゆ よ
야 [ya]  유 [yu]  요 [yo]

 야구 や꾸ー きゅう

 눈 유끼 ゆき

 밤 요루 よる

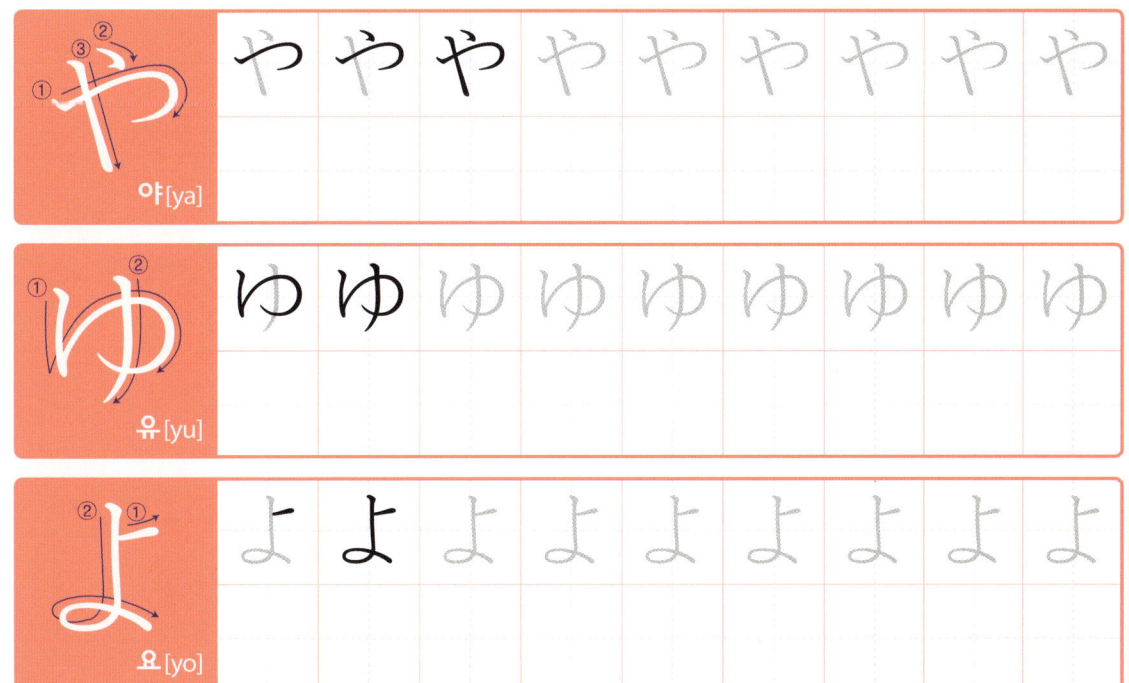

Part 1 일본어 문자

# ら행

히라가나

ら り る れ ろ
라[ra] 리[ri] 루[ru] 레[re] 로[ro]

 낙타 **ら**くだ
 사과 **り**んご
 원숭이 さ**る**
 냉장고 **れ**いぞうこ
 양초 **ろ**うそく

## ら 라[ra]
ら ら ら ら ら ら ら ら ら

## り 리[ri]
り り り り り り り り り

## る 루[ru]
る る る る る る る る

## れ 레[re]
れ れ れ れ れ れ れ れ

## ろ 로[ro]
ろ ろ ろ ろ ろ ろ ろ ろ

# わ행

히라가나

**わ を ん**
와 [wa]  오 [o]  응 [n, m, ng]

악어  **わ**に

옷을 입다  후꾸 오 키루  ふく**を**きる

당근  닌 징  に**ん**じん

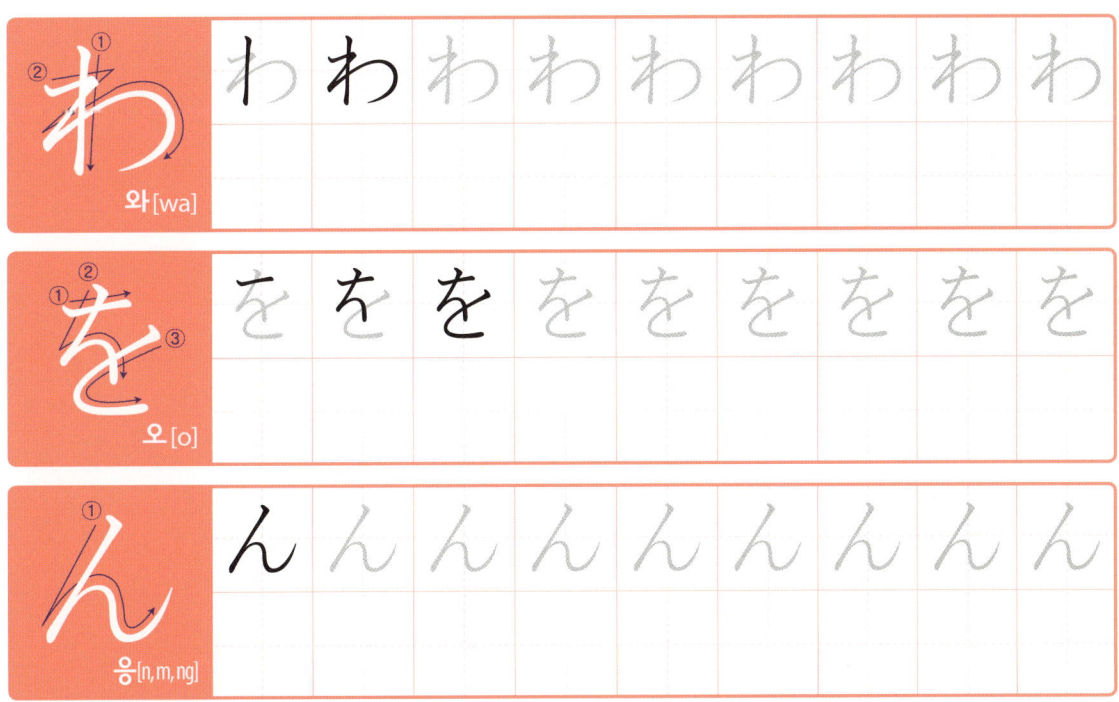

わ [wa]

を [o]

ん [n, m, ng]

# ア행

카타카나

ア イ ウ エ オ
아[a] 이[i] 우[u] 에[e] 오[o]

다리미
아 이 롱
**アイロン**

오토바이
바 이 꾸
**バイク**

바이러스
우 이 루 스
**ウイルス**

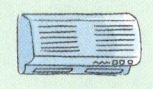
에어컨
에 아 꽁
**エアコン**

오렌지
오 렌 지
**オレンジ**

| ア 아[a] | ア | ア | ア | ア | ア | ア | ア | ア |
|---|---|---|---|---|---|---|---|---|
| | | | | | | | | |

| イ 이[i] | イ | イ | イ | イ | イ | イ | イ | イ |
|---|---|---|---|---|---|---|---|---|
| | | | | | | | | |

| ウ 우[u] | ウ | ウ | ウ | ウ | ウ | ウ | ウ | ウ |
|---|---|---|---|---|---|---|---|---|
| | | | | | | | | |

| エ 에[e] | エ | エ | エ | エ | エ | エ | エ | エ |
|---|---|---|---|---|---|---|---|---|
| | | | | | | | | |

| オ 오[o] | オ | オ | オ | オ | オ | オ | オ | オ |
|---|---|---|---|---|---|---|---|---|
| | | | | | | | | |

이것이 독학 일본어첫걸음이다!

# カ 행

> 카타카나

カ キ ク ケ コ
카[ka] 키[ki] 쿠[ku] 케[ke] 코[ko]

카메라 **カ**メラ

키보드 **キー**ボード

트럭 トラッ**ク**

케이크 **ケー**キ

커피 **コー**ヒー

| カ 카[ka] | カ | カ | カ | カ | カ | カ | カ | カ | カ |

| キ 키[ki] | キ | キ | キ | キ | キ | キ | キ | キ | キ |

| ク 쿠[ku] | ク | ク | ク | ク | ク | ク | ク | ク | ク |

| ケ 케[ke] | ケ | ケ | ケ | ケ | ケ | ケ | ケ | ケ | ケ |

| コ 코[ko] | コ | コ | コ | コ | コ | コ | コ | コ | コ |

# サ행

카타카나

**サ** 사 [sa]　**シ** 시 [shi]　**ス** 스 [su]　**セ** 세 [se]　**ソ** 소 [so]

 샐러드 사라다 サラダ
 씨디 시-디- シーディー
 치마 스까-또 スカート
 스웨터 세-따- セーター
 소파 소화- ソファー

| サ 사[sa] | サ | サ | サ | サ | サ | サ | サ | サ | サ |
| シ 시[shi] | シ | シ | シ | シ | シ | シ | シ | シ | シ |
| ス 스[su] | ス | ス | ス | ス | ス | ス | ス | ス | ス |
| セ 세[se] | セ | セ | セ | セ | セ | セ | セ | セ | セ |
| ソ 소[so] | ソ | ソ | ソ | ソ | ソ | ソ | ソ | ソ | ソ |

# タ 행

카타카나

タ チ ツ テ ト

타 [ta] 치 [chi] 츠 [tsu] 테 [te] 토 [to]

택시 타 꾸 시 - タクシー

치즈 치 - 즈 チーズ

트리 츠 리 - ツリー

텔레비전 테 레 비 テレビ

토마토 토 마 또 トマト

| | | | | | | | | | |
|---|---|---|---|---|---|---|---|---|---|
| タ 타[ta] | タ | タ | タ | タ | タ | タ | タ | タ | タ |
| チ 치[chi] | チ | チ | チ | チ | チ | チ | チ | チ | チ |
| ツ 츠[tsu] | ツ | ツ | ツ | ツ | ツ | ツ | ツ | ツ | ツ |
| テ 테[te] | テ | テ | テ | テ | テ | テ | テ | テ | テ |
| ト 토[to] | ト | ト | ト | ト | ト | ト | ト | ト | ト |

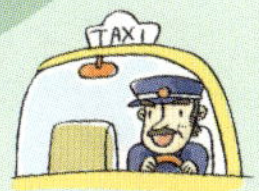

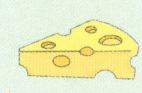

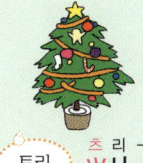

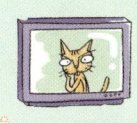

# ナ행

카타카나

ナ ニ ヌ ネ ノ
나[na] 니[ni] 누[nu] 네[ne] 노[no]

| 나이프 ナイフ | 편의점 コンビニ | 카누 カヌー | 넥타이 ネクタイ | 공책 ノート |

## ナ 나[na]
ナ ナ ナ ナ ナ ナ ナ ナ ナ

## ニ 니[ni]
ニ ニ ニ ニ ニ ニ ニ ニ ニ

## ヌ 누[nu]
ヌ ヌ ヌ ヌ ヌ ヌ ヌ ヌ ヌ

## ネ 네[ne]
ネ ネ ネ ネ ネ ネ ネ ネ ネ

## ノ 노[no]
ノ ノ ノ ノ ノ ノ ノ ノ ノ

# ハ 행

카타카나

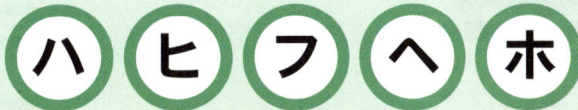

ハ ヒ フ ヘ ホ

하 [ha] 히 [hi] 후 [fu] 헤 [he] 호 [ho]

햄버거 함 바 - 가 - ハンバーガー

히터 히 - 따 - ヒーター

프라이팬 후 라 이 빵 フライパン

헬리콥터 헤 리 꼬 뿌 따 - ヘリコプター

호텔 호 떼 루 ホテル

| | | | | | | | | | |
|---|---|---|---|---|---|---|---|---|---|
| ハ 하[ha] | ハ | ハ | ハ | ハ | ハ | ハ | ハ | ハ | ハ |
| ヒ 히[hi] | ヒ | ヒ | ヒ | ヒ | ヒ | ヒ | ヒ | ヒ | ヒ |
| フ 후[fu] | フ | フ | フ | フ | フ | フ | フ | フ | フ |
| ヘ 헤[he] | ヘ | ヘ | ヘ | ヘ | ヘ | ヘ | ヘ | ヘ | ヘ |
| ホ 호[ho] | ホ | ホ | ホ | ホ | ホ | ホ | ホ | ホ | ホ |

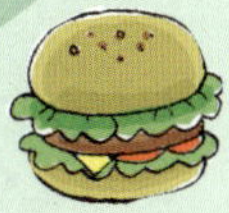

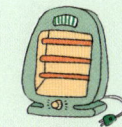

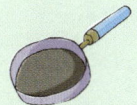

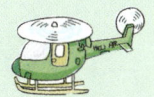

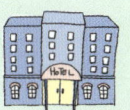

# マ 행

카타카나

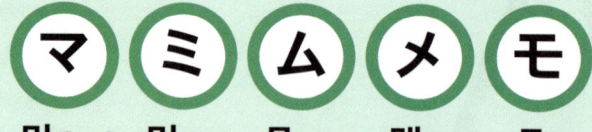

マ ミ ム メ モ

마 [ma] 미 [mi] 무 [mu] 메 [me] 모 [mo]

머플러 マフラー (마후라ー)

우유 ミルク (미루꾸)

아이스크림 アイスクリーム (아이스꾸리ー무)

멜론 メロン (메롱)

모니터 モニター (모니따ー)

| | | | | | | | | | |
|---|---|---|---|---|---|---|---|---|---|
| マ 마[ma] | マ | マ | マ | マ | マ | マ | マ | マ | マ |
| ミ 미[mi] | ミ | ミ | ミ | ミ | ミ | ミ | ミ | ミ | ミ |
| ム 무[mu] | ム | ム | ム | ム | ム | ム | ム | ム | ム |
| メ 메[me] | メ | メ | メ | メ | メ | メ | メ | メ | メ |
| モ 모[mo] | モ | モ | モ | モ | モ | モ | モ | モ | モ |

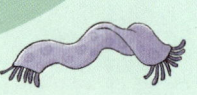

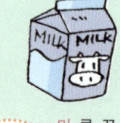

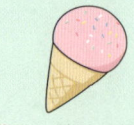

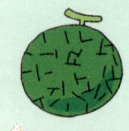

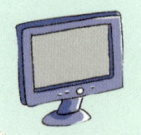

# ヤ행

カタカナ

ヤ ユ ヨ
야[ya]  유[yu]  요[yo]

타이어 タイヤ

유니폼 ユニホーム
유 니 호 - 무

요트 ヨット
욧 또

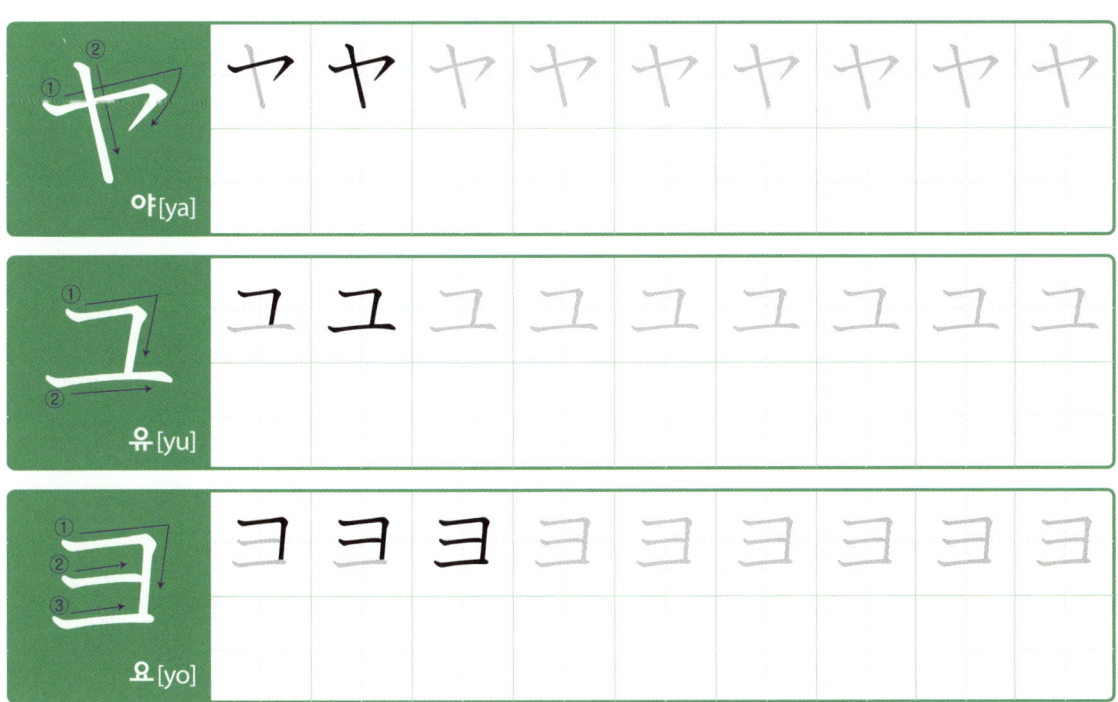

ヤ 야[ya]

ユ 유[yu]

ヨ 요[yo]

# ラ행

카타카나

ラ リ ル レ ロ
라[ra] 리[ri] 루[ru] 레[re] 로[ro]

라면 라-멩
ラーメン

리본 리봉
リボン

루비 루비-
ルビー

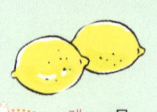
레몬 레몽
レモン

로켓 로켓또
ロケット

| ラ 라[ra] | ラ | ラ | ラ | ラ | ラ | ラ | ラ | ラ | ラ |
|---|---|---|---|---|---|---|---|---|---|
|  |  |  |  |  |  |  |  |  |  |

| リ 리[ri] | リ | リ | リ | リ | リ | リ | リ | リ | リ |
|---|---|---|---|---|---|---|---|---|---|
|  |  |  |  |  |  |  |  |  |  |

| ル 루[ru] | ル | ル | ル | ル | ル | ル | ル | ル | ル |
|---|---|---|---|---|---|---|---|---|---|
|  |  |  |  |  |  |  |  |  |  |

| レ 레[re] | レ | レ | レ | レ | レ | レ | レ | レ | レ |
|---|---|---|---|---|---|---|---|---|---|
|  |  |  |  |  |  |  |  |  |  |

| ロ 로[ro] | ロ | ロ | ロ | ロ | ロ | ロ | ロ | ロ | ロ |
|---|---|---|---|---|---|---|---|---|---|
|  |  |  |  |  |  |  |  |  |  |

# ワ행 카타카나

**ワ** 와 [wa]　**ヲ** 오 [o]　**ン** 응 [n, m, ng]

와이셔츠 **ワイシャツ**

카타카나 'ヲ'는 거의 쓰지 않습니다!

빵 **パン**

| ワ 와[wa] | ワ | ワ | ワ | ワ | ワ | ワ | ワ | ワ | ワ |
|---|---|---|---|---|---|---|---|---|---|
| | | | | | | | | | |

| ヲ 오[o] | ヲ | ヲ | ヲ | ヲ | ヲ | ヲ | ヲ | ヲ | ヲ |
|---|---|---|---|---|---|---|---|---|---|
| | | | | | | | | | |

| ン 응[n,m,ng] | ン | ン | ン | ン | ン | ン | ン | ン | ン |
|---|---|---|---|---|---|---|---|---|---|
| | | | | | | | | | |

# 탁음(濁音)・반탁음(半濁音)

성대를 울려 내는 유성음이기 때문에 청음에 비해 탁한 소리가 납니다. 히라가나와 카타카나의 か(カ)행・さ(サ)행・た(タ)행・は(ハ)행에 탁점(゛)이 붙으면 탁음이 되며, は(ハ)행에 반탁점(゜)이 붙으면 반탁음이 됩니다. 반탁음의 경우 단어의 맨 첫머리에 올 때는 [ㅂ], 단어 중간에 올 때는 [ㅃ]에 가깝게 발음합니다.

| 단(段)<br>행(行) | あ단 | い단 | う단 | え단 | お단 |
|---|---|---|---|---|---|
| が행 | が<br>ga 가 | ぎ<br>gi 기 | ぐ<br>gu 구 | げ<br>ge 게 | ご<br>go 고 |
| ざ행 | ざ<br>za 자 | じ<br>ji 지 | ず<br>zu 즈 | ぜ<br>ze 제 | ぞ<br>zo 조 |
| だ행 | だ<br>da 다 | ぢ<br>ji 지 | づ<br>zu 즈 | で<br>de 데 | ど<br>do 도 |
| ば행 | ば<br>ba 바 | び<br>bi 비 | ぶ<br>bu 부 | べ<br>be 베 | ぼ<br>bo 보 |
| ぱ행 | ぱ<br>pa 파 | ぴ<br>pi 피 | ぷ<br>pu 푸 | ぺ<br>pe 페 | ぽ<br>po 포 |

| 단(段)<br>행(行) | ア단 | イ단 | ウ단 | エ단 | オ단 |
|---|---|---|---|---|---|
| ガ행 | ガ<br>ga 가 | ギ<br>gi 기 | グ<br>gu 구 | ゲ<br>ge 게 | ゴ<br>go 고 |
| ザ행 | ザ<br>za 자 | ジ<br>ji 지 | ズ<br>zu 즈 | ゼ<br>ze 제 | ゾ<br>zo 조 |
| ダ행 | ダ<br>da 다 | ヂ<br>ji 지 | ヅ<br>zu 즈 | デ<br>de 데 | ド<br>do 도 |
| バ행 | バ<br>ba 바 | ビ<br>bi 비 | ブ<br>bu 부 | ベ<br>be 베 | ボ<br>bo 보 |
| パ행 | パ<br>pa 파 | ピ<br>pi 피 | プ<br>pu 푸 | ペ<br>pe 페 | ポ<br>po 포 |

# が행

히라가나: が ぎ ぐ げ ご
가[ga] 기[gi] 구[gu] 게[ge] 고[go]

카타카나: ガ ギ グ ゲ ゴ

## が ぎ ぐ げ ご

| | |
|---|---|
| 가[ga] | が が が |
| 기[gi] | ぎ ぎ ぎ |
| 구[gu] | ぐ ぐ ぐ |
| 게[ge] | げ げ げ |
| 고[go] | ご ご ご |

가 이 꼬 꾸
**が**いこく 외국

깅 은 (금속)
**ぎ**ん 은 (금속)

구 아 이
**ぐ**あい 상태

겡 끼 건강함
**げ**んき 건강함

고 항 밥
**ご**はん 밥

## ガ ギ グ ゲ ゴ

| | |
|---|---|
| 가[ga] | ガ ガ ガ |
| 기[gi] | ギ ギ ギ |
| 구[gu] | グ グ グ |
| 게[ge] | ゲ ゲ ゲ |
| 고[go] | ゴ ゴ ゴ |

가 이 도 안내
**ガ**イド 안내

기 따 ー 기타 (악기)
**ギ**ター 기타 (악기)

구 라 무 그램(g)
**グ**ラム 그램(g)

게 ー 무 게임
**ゲ**ーム 게임

고 루 후 골프
**ゴ**ルフ 골프

# ざ행

히라가나: ざ じ ず ぜ ぞ
자[za] 지[ji] 즈[zu] 제[ze] 조[zo]

카타카나: ザ ジ ズ ゼ ゾ

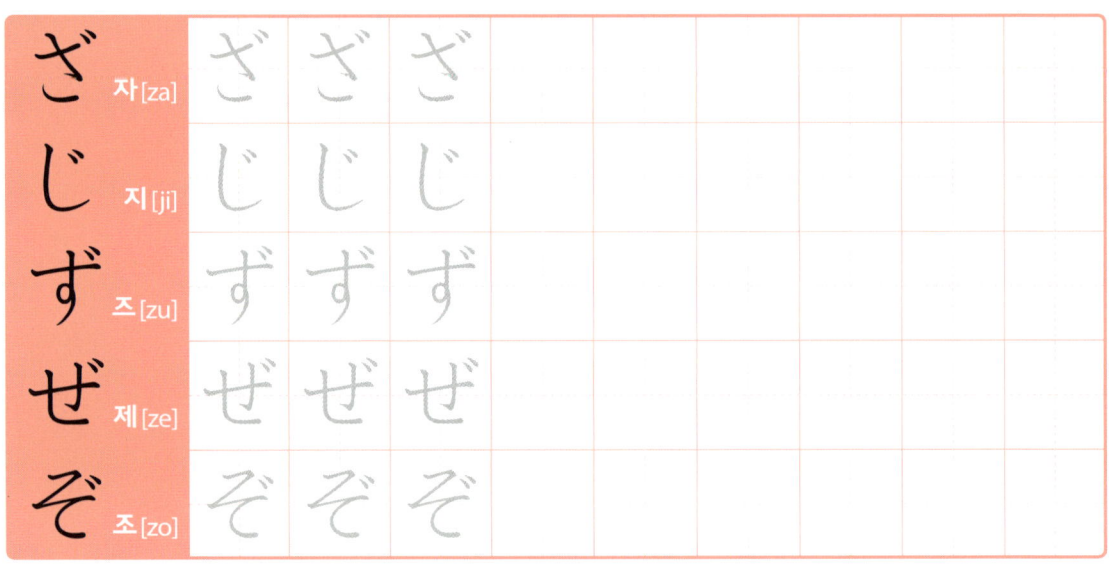

자 세끼
ざせき 좌석

지 깡
じかん 시간

치 즈
ちず 지도

젬 부
ぜんぶ 전부

조 —
ぞう 코끼리

피 자
ピザ 피자

지 — 빵
ジーパン 청바지

즈 봉
ズボン 바지

제 로
ゼロ 제로, 영

리 조 — 또
リゾート 리조트

# だ행

히라가나: だ ぢ づ で ど
다[da] 지[ji] 즈[zu] 데[de] 도[do]

카타카나: ダ ヂ ヅ デ ド

## だ ぢ づ で ど

| | 다[da] | 지[ji] | 즈[zu] | 데[de] | 도[do] |
|---|---|---|---|---|---|

다 레
**だ**れ 누구

하나 지
はな**ぢ** 코피

츠 즈 꾸
つ**づ**く 계속되다

뎅 끼
**で**んき 전기

도 꼬
**ど**こ 어디

## ダ ヂ ヅ デ ド

| | 다[da] | 지[ji] | 즈[zu] | 데[de] | 도[do] |
|---|---|---|---|---|---|

다 이 엣 또
**ダ**イエット 다이어트

다 이야 몬 도
**ダ**イヤモンド 다이아몬드

데 - 또
**デ**ート 데이트

데 지 따루
**デ**ジタル 디지털

도 아
**ド**ア 도어, 문

# ば행

히라가나: ば び ぶ べ ぼ
바[ba] 비[bi] 부[bu] 베[be] 보[bo]

카타카나: バ ビ ブ ベ ボ

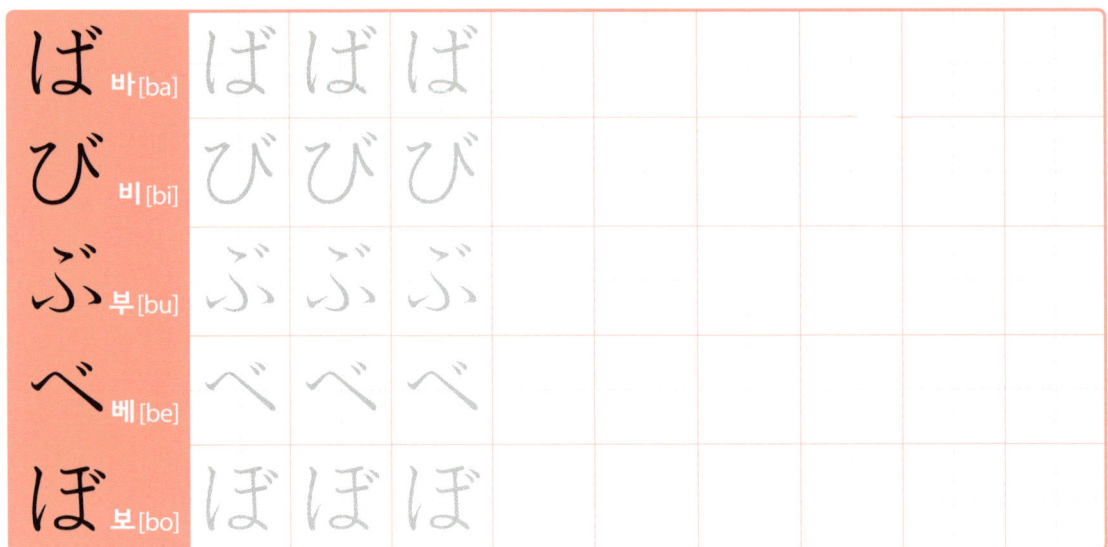

| | 바[ba] | び[bi] | ぶ[bu] | べ[be] | ぼ[bo] |

ばんごう 번호 / びん 병 / ぶどう 포도 / べんり 편리 / ぼうし 모자

バイト 아르바이트 / ビデオ 비디오 / ブーツ 부츠 / ベスト 베스트 / ボール 볼, 공

# ぱ행

히라가나
카타카나

| ぱ 파[pa] | ぴ 피[pi] | ぷ 푸[pu] | ぺ 페[pe] | ぽ 포[po] |
| パ 파[pa] | ピ 피[pi] | プ 푸[pu] | ペ 페[pe] | ポ 포[po] |

りっぱ 훌륭함　ぴったり 딱 맞음　きっぷ 표　ぺこぺこ 몹시 배고픔　さんぽ 산책

パスポート 여권　ピアノ 피아노　プログラム 프로그램　ページ 페이지　ポイント 포인트

## 요음 (拗音)

모음 い(イ)단의 글자 중 자음인 「きしちにひみりぎじびぴ(キシチニヒミリギジビピ)」뒤에 반모음인 「ゃゅょ(ャュョ)」를 작게 씁니다. 모양은 두 글자이지만 한 글자처럼 한 박자로 발음해야 합니다.

|  | | | |
|---|---|---|---|
| きゃ행 | きゃ キャ<br>kya 캬 | きゅ キュ<br>kyu 큐 | きょ キョ<br>kyo 쿄 |
| しゃ행 | しゃ シャ<br>sha 샤 | しゅ シュ<br>shu 슈 | しょ ショ<br>sho 쇼 |
| ちゃ행 | ちゃ チャ<br>cha 챠 | ちゅ チュ<br>chu 츄 | ちょ チョ<br>cho 쵸 |
| にゃ행 | にゃ ニャ<br>nya 냐 | にゅ ニュ<br>nyu 뉴 | にょ ニョ<br>nyo 뇨 |
| ひゃ행 | ひゃ ヒャ<br>hya 햐 | ひゅ ヒュ<br>hyu 휴 | ひょ ヒョ<br>hyo 효 |
| みゃ행 | みゃ ミャ<br>mya 먀 | みゅ ミュ<br>myu 뮤 | みょ ミョ<br>myo 묘 |
| りゃ행 | りゃ リャ<br>rya 랴 | りゅ リュ<br>ryu 류 | りょ リョ<br>ryo 료 |
| ぎゃ행 | ぎゃ ギャ<br>gya 갸 | ぎゅ ギュ<br>gyu 규 | ぎょ ギョ<br>gyo 교 |
| じゃ행 | じゃ ジャ<br>ja 쟈 | じゅ ジュ<br>ju 쥬 | じょ ジョ<br>jo 죠 |
| びゃ행 | びゃ ビャ<br>bya 뱌 | びゅ ビュ<br>byu 뷰 | びょ ビョ<br>byo 뵤 |
| ぴゃ행 | ぴゃ ピャ<br>pya 퍄 | ぴゅ ピュ<br>pyu 퓨 | ぴょ ピョ<br>pyo 표 |

## きゃ행

| きゃ キャ<br>kya 캬 | きゅ キュ<br>kyu 큐 | きょ キョ<br>kyo 쿄 |
|---|---|---|
| きゃ キャ | きゅ キュ | きょ キョ |
|  |  |  |
|  |  |  |

## しゃ행

| しゃ シャ<br>sha 샤 | しゅ シュ<br>shu 슈 | しょ ショ<br>sho 쇼 |
|---|---|---|
| しゃ シャ | しゅ シュ | しょ ショ |
|  |  |  |
|  |  |  |

## ちゃ행

| ちゃ チャ<br>cha 챠 | ちゅ チュ<br>chu 츄 | ちょ チョ<br>cho 쵸 |
|---|---|---|
| ちゃ チャ | ちゅ チュ | ちょ チョ |
|  |  |  |
|  |  |  |

## にゃ행

| にゃ ニャ<br>nya 냐 | にゅ ニュ<br>nyu 뉴 | にょ ニョ<br>nyo 뇨 |
|---|---|---|
| にゃ ニャ | にゅ ニュ | にょ ニョ |
|  |  |  |
|  |  |  |

## ひゃ행

| ひゃ ヒャ<br>hya 햐 | ひゅ ヒュ<br>hyu 휴 | ひょ ヒョ<br>hyo 효 |
|---|---|---|
| ひゃ ヒャ | ひゅ ヒュ | ひょ ヒョ |
|  |  |  |
|  |  |  |

## みゃ행

| みゃ ミャ<br>mya 먀 | みゅ ミュ<br>myu 뮤 | みょ ミョ<br>myo 묘 |
|---|---|---|
| みゃ ミャ | みゅ ミュ | みょ ミョ |
|  |  |  |
|  |  |  |

## りゃ행

| りゃ リャ<br>rya 랴 | りゅ リュ<br>ryu 류 | りょ リョ<br>ryo 료 |
|---|---|---|
| りゃ リャ | りゅ リュ | りょ リョ |
|  |  |  |
|  |  |  |

## ぎゃ행

| ぎゃ ギャ<br>gya 갸 | ぎゅ ギュ<br>gyu 규 | ぎょ ギョ<br>gyo 교 |
|---|---|---|
| ぎゃ ギャ | ぎゅ ギュ | ぎょ ギョ |
|  |  |  |
|  |  |  |

## じゃ행

| じゃ ジャ<br>ja 쟈 | じゅ ジュ<br>ju 쥬 | じょ ジョ<br>jo 죠 |
|---|---|---|
| じゃ ジャ | じゅ ジュ | じょ ジョ |
|  |  |  |
|  |  |  |

## びゃ행

| びゃ ビャ<br>bya 뱌 | びゅ ビュ<br>byu 뷰 | びょ ビョ<br>byo 뵤 |
|---|---|---|
| びゃ ビャ | びゅ ビュ | びょ ビョ |
|  |  |  |
|  |  |  |

## ぴゃ행

| ぴゃ ピャ<br>pya 퍄 | ぴゅ ピュ<br>pyu 퓨 | ぴょ ピョ<br>pyo 표 |
|---|---|---|
| ぴゃ ピャ | ぴゅ ピュ | ぴょ ピョ |
|  |  |  |
|  |  |  |

## 발음 (撥音)

오십음도의 마지막 글자인 ん(ン)은 다른 글자 뒤에 와서 우리말의 받침과 같은 역할을 합니다. 하지만 하나의 음절 길이를 가집니다.

**ㅇ(ng)** ん(ン) + か が행
- おんがく 옹가꾸 음악
- げんき 겡끼 건강함
- インク 잉꾸 잉크

**ㄴ(n)** ん(ン) + さ ざ た だ なら행
- せんせい 센세- 선생님
- にんじん 닌징 당근
- パンダ 판다 팬더

**ㅁ(m)** ん(ン) + ま ば ぱ행
- しんぶん 심붕 신문
- えんぴつ 엠삐쯔 연필
- ハンバーガー 함바-가 햄버거

**콧소리(N)** ん(ン) + は や わ행, ん(ン)으로 끝날 때
- にほん 니홍 일본
- でんわ 뎅와 전화
- パン 팡 빵

## 촉음 (促音)

촉음은 つ(ツ)를 작은 크기로 っ(ッ)라고 표기합니다. 우리말의 받침 역할을 하며, 하나의 독립된 음절로 발음합니다.

**ㄱ(k)** っ(ッ) + か행
- けっか 켁까 결과
- がっこう 각꼬- 학교
- サッカー 삭까- 축구

**ㅅ(s)** っ(ッ) + さ행, っ(ッ) + た행
- ざっし 잣시 잡지
- メッセージ 멧세-지 메시지
- きって 킷떼 우표

**ㅂ(p)** っ(ッ) + ぱ행
- いっぱい 입빠이 가득
- きっぷ 킵뿌 표
- コップ 콥뿌 컵

## 장음 (長音)

한 낱말 가운데 같은 모음이 중복되는 경우 앞의 발음을 길게 발음하는 경우를 말합니다. 음의 길이에 따라 의미가 바뀌는 단어도 있으니 주의합시다.

| | | | |
|---|---|---|---|
| **あ** | あ단 + あ | おかあさん 오까-상 어머니 | デパート 데빠-또 백화점 |
| **い** | い단 + い | おにいさん 오니-상 형, 오빠 | ビール 비-루 맥주 |
| **う** | う단 + う | ふつう 후쯔- 보통 | スーパー 스-파- 슈퍼마켓 |
| **え** | え단 + え | おねえさん 오네-상 누나, 언니 | ページ 페-지 페이지 |
| | え단 + い | とけい 토께- 시계 | えいが 에-가 영화 |
| **お** | お단 + お | おおきい 오-끼 크다 | ノート 노-또 노트 |
| | お단 + う | こうえん 코-엥 공원 | そうじ 소-지 청소 |
| | | きょう 쿄- 오늘 | しょうかい 쇼-까이 소개 |

# 일본어 가나 표기 연습

 다음 일본어 단어를 소리나는 대로 적으세요.

| | |
|---|---|
| 1. うどん ------------- | 2. ビタミン ------------- |
| 3. ちらし ------------- | 4. テレビ ------------- |
| 5. たまねぎ ------------- | 6. アナウンサー ------------- |
| 7. てんぷら ------------- | 8. ヘリコプター ------------- |
| 9. つめきり ------------- | 10. コーヒーショップ ------------- |

**정답**
1. 우동　　2. 비타민　　3. 찌라시　　4. 테레비　　5. 타마네기
6. 아나운사ー　7. 템뿌라　8. 헤리꼬뿌따ー　9. 쯔메끼리　10. 코ー히ー숍뿌

다음 한글을 발음나는 대로 일본어 가나로 쓰세요.

**1** 한글 → 히라가나　　예 바보 : ばぼ

**쉬운 문제**

| | |
|---|---|
| 1. 사시미 ------------- | 2. 사무라이 ------------- |
| 3. 오야붕 ------------- | 4. 메리야스 ------------- |
| 5. 카메라 ------------- | 6. 레몬 ------------- |
| 7. 톤까쯔 ------------- | 8. 마후라 ------------- |
| 9. 나와바리 ------------- | 10. 입빠이 ------------- |

**정답**
1. さしみ　2. さむらい　3. おやぶん　4. めりやす　5. かめら
6. れもん　7. とんかつ　8. まふら　9. なわばり　10. いっぱい

★ 본격적으로 일본어를 공부하기 전에 앞에서 배운 히라가나와 카타카나를 복습해 봅시다.

### 보통 문제

1. 짬뽕
2. 욘사마
3. 시라유키히메
4. 이이지마 마리
5. 쿠와타 케이스케
6. 키무라 타쿠야
7. 마쯔시마 나나코
8. 무라카미 하루키
9. 나카야마 미호
10. 카스가 쿄우스케

**정답**
1. ちゃんぽん  2. よんさま  3. しらゆきひめ  4. いいじま まり  5. くわた けいすけ
6. きむら たくや  7. まつしま ななこ  8. むらかみ はるき  9. なかやま みほ  10. かすが きょうすけ

## 2 한글 → 카타카나   예 신촌 : シンチョン

### 어려운 문제

1. 카라오케
2. 로켓또(rocket)
3. 미쯔비시
4. 롯테리아(Lotteria)
5. 카사브랑카(Casablanca)
6. 나쇼나루(National)
7. 파나소닉꾸(Panasonic)
8. 데스노-또(death note)
9. 토무 쿠루즈(Tom Cruise)
10. 마이케루 조-단(Michael Jordan)

**정답**
1. カラオケ  2. ロケット  3. ミツビシ  4. ロッテリア  5. カサブランカ
6. ナショナル  7. パナソニック  8. デスノート  9. トム・クルーズ  10. マイケル・ジョーダン

文法

会話

テスト

単語

# Part 2
## 일본어 첫걸음

| | |
|---|---|
| **Day 01** おはようございます。 | **Day 16** 3時間ぐらい 待ちました。 |
| **Day 02** わたしは キム・ヨナです。 | **Day 17** ノートパソコンを 持って 来ます。 |
| **Day 03** あなたは 学生ですか。 | **Day 18** あなたの ことを 考えて いました。 |
| **Day 04** これは 何ですか。 | **Day 19** がんばって ください。 |
| **Day 05** あの 人は だれですか。 | **Day 20** 傘を 持たないで 出かけました。 |
| **Day 06** ケータイは かばんの 中に あります。 | **Day 21** 駅の 前で 友だちに 会った。 |
| **Day 07** この えいがは おもしろいです。 | **Day 22** 負けて 悔しかった。 |
| **Day 08** あそこは 有名な レストランです。 | **Day 23** 渋谷の 街は にぎやかだった。 |
| **Day 09** 友だちと カラオケに 行きます。 | **Day 24** 韓国ドラマが 好きです。 |
| **Day 10** 昼ごはんを 食べますか。 | **Day 25** 野球と サッカーと どちらが 好きですか。 |
| **Day 11** 犬と さんぽを します。 | **Day 26** 芸能人に なりたいです。 |
| **Day 12** きのうは 雨が 降りました。 | **Day 27** いっしょに 飲みに 行きませんか。 |
| **Day 13** ラーメンは いくらですか。 | **Day 28** 宝くじに 当たったら、何でも おごるよ。 |
| **Day 14** 今 何時ですか。 | **Day 29** その ゆびわは 高そうですね。 |
| **Day 15** いつ 東京へ 来ましたか。 | **Day 30** ここに 座っても いいですか。 |

# Day 01

## おはようございます。

**기본 표현**    일상에서 쓰는 인사말

**おはようございます。** 안녕하세요. 〈아침 인사〉
오하요- 고자이마스

**こんにちは。** 안녕하세요. 〈점심 인사〉
곤니찌와

**こんばんは。** 안녕하세요. 〈저녁 인사〉
곰방와

## 해설

- **おはようございます。**
  일본어는 우리말과 달리 시간에 따라 사용하는 인사가 다릅니다. 오전에 누군가를 만났을 경우에는 おはようございます를 사용합니다. 친한 사이나 아랫사람에게는 ございます를 빼고 おはよう라고 합니다. 직역하면 '일찍 나오셨네요'라는 뜻으로 밤에 출근하는 사람들도 이렇게 인사하기도 합니다. 운동선수나 좀 터프한 남자끼리는 おす(おっす 첫글자와 끝글자)라고 줄여 말하는 경우도 있습니다.

- **こんにちは**와 **こんばんは**는 존경 표현이 없습니다. 여기서 「は」는 [ha]라고 발음하지 않고 [wa]라고 발음하는 것에 주의합시다. こんにちは는 일본어의 대표적인 인사말로서 정오 전이라도 쓸 수 있습니다.

# Day 01

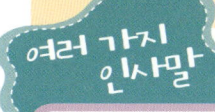
여러 가지 인사말

じゃあ、また。 그럼 또 봐요.
쟈- 마따

さようなら。 안녕히 계세요.
사요-나라

すみません。 미안합니다. / 실례합니다.
스미마셍

ごめんなさい。 미안합니다.
고멘나사이

男: どうも ありがとうございます。 정말 고맙습니다.
도-모 아리가또-고자이마스

女: どういたしまして。 천만에요.
도-이따시마시떼

女: おやすみなさい。 안녕히 주무세요. 〈밤에 헤어질 때〉
오야스미나사이

男: おやすみ。 잘 자.
오야스미

**새로운 단어**

じゃあ 그러면. では의 회화체
また 또, 또한
どうも 정말, 대단히

# Day 01

- **じゃあ、また。**
「じゃ」는 では가 변한말로 회화체입니다. 「それじゃ」의 それ가 생략된 것이며 それでは・それじゃ・では・じゃ는 모두 '그러면, 그럼'이라는 뜻입니다. それでは、また라고 하면 좀 더 사무적이고 공손한 느낌이 듭니다. 친한 사이에선 じゃあね(그럼, 잘 가)나 バイバイ(바이바이)라고 하기도 하며, 매일 보는 사이에서는 また あした(내일 봐요)라는 표현을 많이 사용합니다.

- **さようなら**는 일본어를 모르는 사람도 한 번 쯤 들어본 대표적인 작별 인사입니다. 그러나 일상생활에서는 별로 쓰지 않습니다. 오랜 기간 혹은 영원히 못 볼 것 같은 뉘앙스를 가지고 있기 때문입니다. 특히 연인들 사이에서 さようなら는 '이별'을 뜻합니다. 편의상 줄여서 さよなら라고도 합니다. 이것은 Goodbye(굿바이), Adieu(아듀)처럼 세계적으로 통용되는 인사입니다.

- **すみません**은 여러 가지 뜻을 가지고 있습니다. 사과할 때는 '미안합니다, 죄송합니다'의 뜻으로 씁니다. 낯선 사람에게 말을 걸 때는 '실례합니다'가 되고, 고맙지만 미안하기도 한 마음을 표현할 때는 '고맙습니다'의 의미로도 쓸 수 있습니다. 친근한 사이에선 발음 편의상 すいません이라고 합니다.

- **외워두면 편리한 「どうも」와 「どうぞ」**
「どうも」와 「どうぞ」는 각각 '정말, 대단히'와 '어서'의 뜻을 가진 부사입니다. 일상대화에서 뒷말을 생략하고도 여러 상황에서 의사를 전할 수 있어 매우 편리합니다.
  - どうも。: 감사합니다, 미안합니다
  - どうぞ。: 드세요, 들어오세요, 앉으세요 등 동작을 권할 때. 영어 please와 비슷한 어감

- **ありがとうございます。**
친한 사이에서는 보통 ありがとう 또는 どうも라고 줄여서 말합니다. 영어로 サンキュー(상큐 thank you)라고 말하기도 합니다.

- **どういたしまして。**
감사의 말을 받았을 때 쓰는 대답으로 '천만에요, 별말씀을요'라는 뜻입니다.

- **おやすみなさい。**
친한 사이 또는 아랫사람에게는 줄여서 おやすみ라고 합니다. 우리말의 '안녕히 주무세요 / 잘 자'의 뜻입니다. 밤에 헤어질 때의 인사로 쓰기도 합니다.

 평가 테스트

🐟 다음 문장을 일본어로 만드세요.

1. 안녕히 주무세요.

   ------------------------------------------ 。

2. 미안합니다. / 실례합니다.

   ------------------------------------------ 。

3. 안녕하세요. 〈낮 인사〉

   ------------------------------------------ 。

🐟 다음 대화를 완성하세요.

4. A : おはようございます。 안녕하세요. 〈아침 인사〉

   B : ------------------ 。 안녕하세요.

5. A : ------------------ 。 고맙습니다.

   B : どういたしまして。 천만에요.

6. A : ------------------ 。 그럼 또 봐요.

   B : じゃあね。 잘 가요.

---

 정답

| | | |
|---|---|---|
| 1. おやすみなさい。 | 2. すみません。 | 3. こんにちは。 |
| 4. おはようございます。 | 5. ありがとうございます。 | 6. じゃあ、また。 |

# 얼굴 [顔]

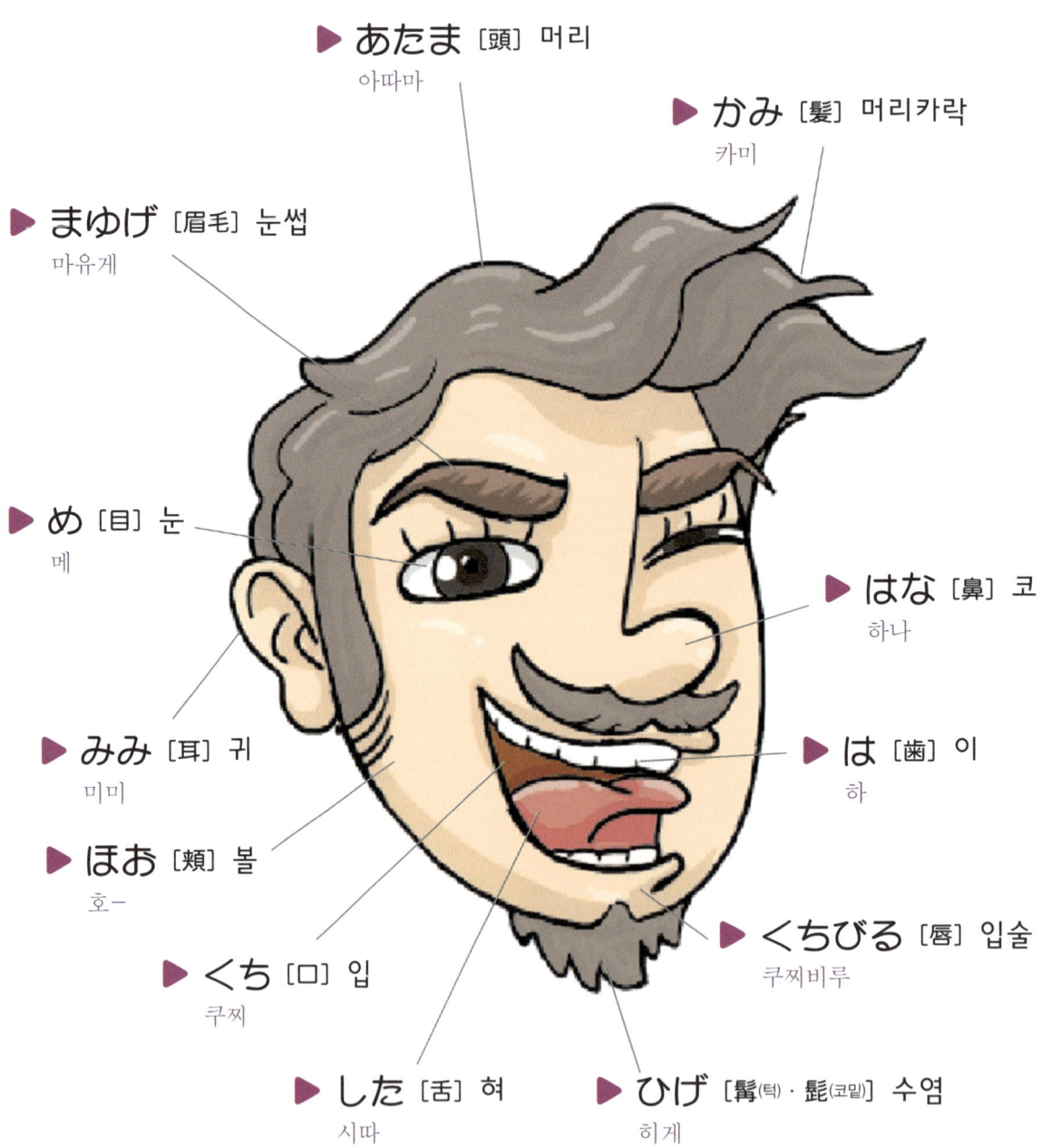

- あたま [頭] 머리 / 아따마
- かみ [髪] 머리카락 / 카미
- まゆげ [眉毛] 눈썹 / 마유게
- め [目] 눈 / 메
- はな [鼻] 코 / 하나
- みみ [耳] 귀 / 미미
- は [歯] 이 / 하
- ほお [頬] 볼 / 호-
- くち [口] 입 / 쿠찌
- くちびる [唇] 입술 / 쿠찌비루
- した [舌] 혀 / 시따
- ひげ [髭(턱)·髭(코밑)] 수염 / 히게

# 몸 [体 からだ]

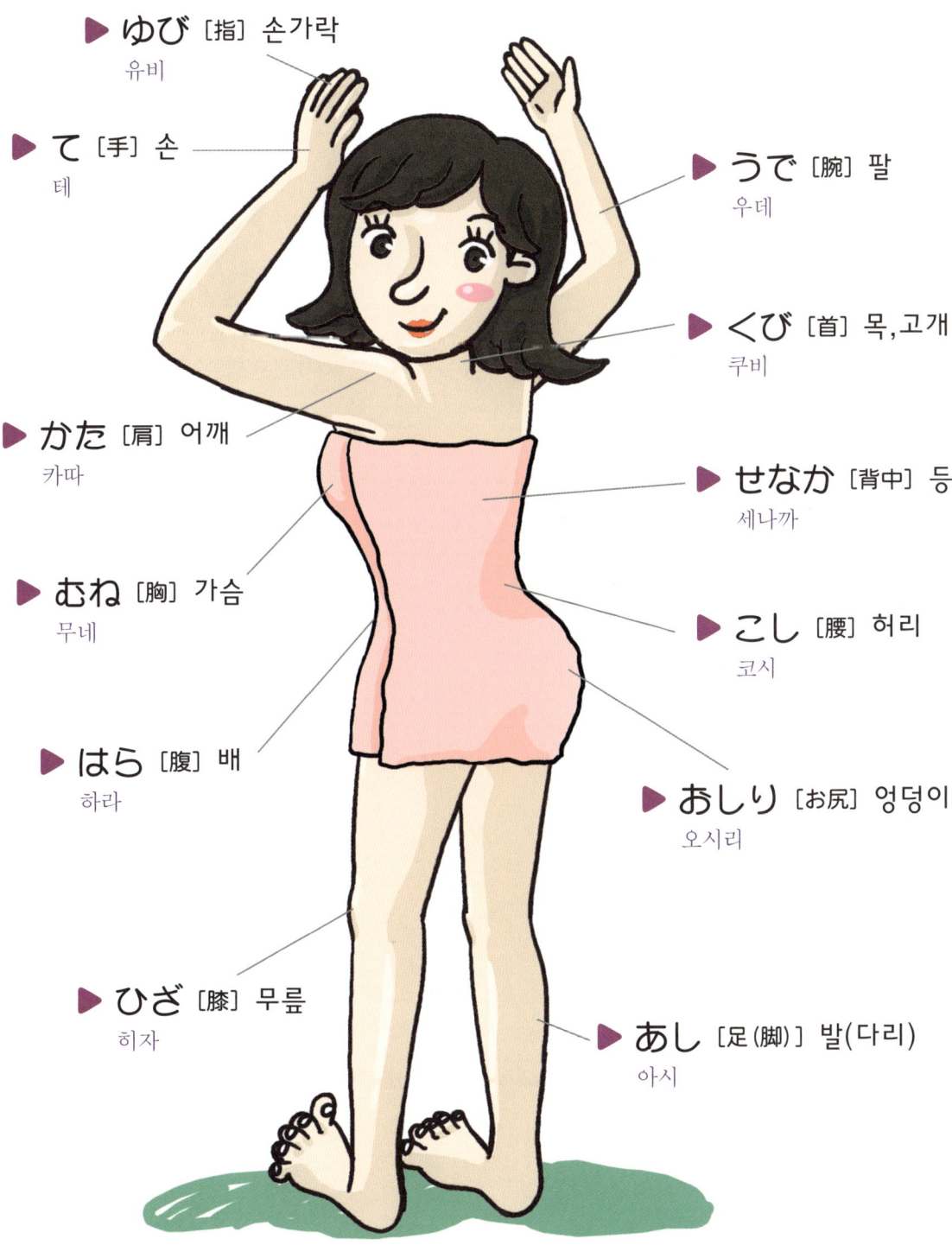

- ゆび [指] 손가락
  유비
- て [手] 손
  테
- かた [肩] 어깨
  카따
- むね [胸] 가슴
  무네
- はら [腹] 배
  하라
- ひざ [膝] 무릎
  히자
- うで [腕] 팔
  우데
- くび [首] 목, 고개
  쿠비
- せなか [背中] 등
  세나까
- こし [腰] 허리
  코시
- おしり [お尻] 엉덩이
  오시리
- あし [足(脚)] 발(다리)
  아시

# Day 02

## わたしは キム・ヨナです。

**기본 표현** 자기 소개

はじめまして。　처음 뵙겠습니다.
하지메마시떼

わたしは キム・ヨナです。　저는 김연아입니다.
와따시와 키무요나데스

わたしの なまえは ヨム・ウンジョンです。　제 이름은 염은정입니다.
와따시노 나마에와 요무 운죵데스

どうぞ よろしく おねがいします。　아무쪼록 잘 부탁합니다.
도-조 요로시꾸 오네가이시마스

**새로운 단어**

初(はじ)めまして 처음 뵙겠습니다
私(わたし) 나, 저
~は ~은/는
~です ~입니다
名前(なまえ) 이름
どうぞ 부디, 아무쪼록
よろしく 잘
お願(ねが)い 부탁

## 해설

- **はじめまして。**
  '처음으로'라는 의미의 「はじめて」를 정중하게 말한 것으로 원래는 부사어지만 인사말로 쓰이게 되었습니다.

- **わたし**는 '나, 저'의 뜻으로 상대의 구분 없이 쓸 수 있으며 특별히 격식을 갖춰야 하는 경우에는 わたくし를 씁니다. 젊은 여성들이 애교 있게 말할 때 あたし라고 쓰기도 하는데 점잖은 표현은 아닙니다. 그 외에 僕(ぼく)는 남성 용어로 보통 또래나 아랫사람과 말할 때 씁니다. 俺(おれ)는 자기 과시적이고 좀 무례한 말입니다.

- **~は**는 '~은/는'이라는 뜻의 주격조사입니다. 원래 발음은 하[ha]이지만 조사로 쓰일 경우 와[wa]라고 발음합니다.

- **~です**는 '~입니다'라는 뜻의 술어입니다. 명사+です의 형태로 사용합니다.

- **どうぞ よろしく おねがいします。**
  특별히 부탁할 일이 없더라도 처음 만난 사람끼리 나누는 인사입니다. 강조의 말인 どうぞ를 생략하고 よろしく おねがいします라고 해도 됩니다. 아랫사람에게 말할 때는 どうぞ よろしく 또는 よろしく라고 줄여서 말하기도 합니다.

**写(しゃ)メ(샤메) - 휴대전화로 찍은 사진**

写(しゃ)メ는 写メール(しゃメール)를 줄임말로 원래는 카메라가 달린 휴대전화로 찍은 사진을 메일에 첨부해서 송신하는 서비스를 가리키는 말이었지만, 요즘엔 찍은 사진 자체를 '샤메'라고 부르기도 한답니다. 여기서 写(しゃ)는 写真(しゃしん)의 줄임말이에요.

# Day 02

## 응용 회화

男1: **パクさん、こちらは 野田先生です。**
파꾸상  　　　코찌라와 노다 센세-데스

男2: **はじめまして。パク・テファンです。**
하지메마시떼　　　파꾸 테환데스

**どうぞ よろしく おねがいします。**
도-조 요로시꾸 오네가이시마스

女: **はじめまして。野田 恵です。**
하지메마시떼　　　노다 메구미데스

**こちらこそ よろしく おねがいします。**
코찌라꼬소 요로시꾸 오네가이시마스

男1 : 박 씨, 이쪽 분은 노다 선생님입니다.
男2 : 처음 뵙겠습니다. 박태환입니다.
　　　아무쪼록 잘 부탁합니다.
女 : 처음 뵙겠습니다. 노다 메구미입니다.
　　이쪽(저)이야말로 잘 부탁해요.

### 새로운 단어

~さん ~씨
こちら 이쪽, 이쪽 분
野田(のだ) 노다, 일본인의 성(姓)
先生(せんせい) 선생님
~こそ ~이야말로 [강조]

- **~さん**과 우리말의 '~씨'는 용법이 다릅니다. 한국에서는 성에 '씨'라는 말을 붙여 '이씨', '박씨'라고 부르면 상대를 낮춰 부르는 느낌이 들지요? 하지만 일본어의 '성+さん'에는 전혀 그런 뉘앙스가 없으니 안심하고 붙여 말합시다. 한국엔 성이 약 280개 정도지만 일본엔 10만가지 이상이나 되므로 같은 성을 가진 사람이 적은 편입니다. 그래서 성만 불러도 됩니다. 보통은 「木村(きむら)さん」과 같이 '성+さん'으로 부르며, 좀 더 친한 사이에서는 '이름+さん'으로 부릅니다. 자기이름엔 붙이면 안 됩니다.

- **こちら**(이쪽)는 원래 방향을 가리키는 말이지만, 사람을 가리킬 때는 정중한 표현이 됩니다. 이때는 '이쪽 분' 정도의 뜻으로 이해하면 됩니다.

- **先生(せんせい)**는 우리말과 비슷하게 학교 교사가 아니라도 존경받는(?) 사회적 지위(정치인 등)의 사람을 부르는 호칭으로 이용됩니다. 우리말엔 선생 뒤에 '님'을 붙이지만 せんせい 뒤엔 아무것도 붙이지 않습니다. 사장, 부장, 과장 등의 직급에도 마찬가지입니다.

# 주택 [住宅]

▶ へや [部屋] 방
へや

▶ まど [窓] 창문
마도

▶ しゃこ [車庫] 차고
샤꼬

▶ キッチン [kitchen] 주방
킷찡

▶ にわ [庭] 마당
니와

▶ リビング(ルーム) [living room] 거실
리빙구(루-무)

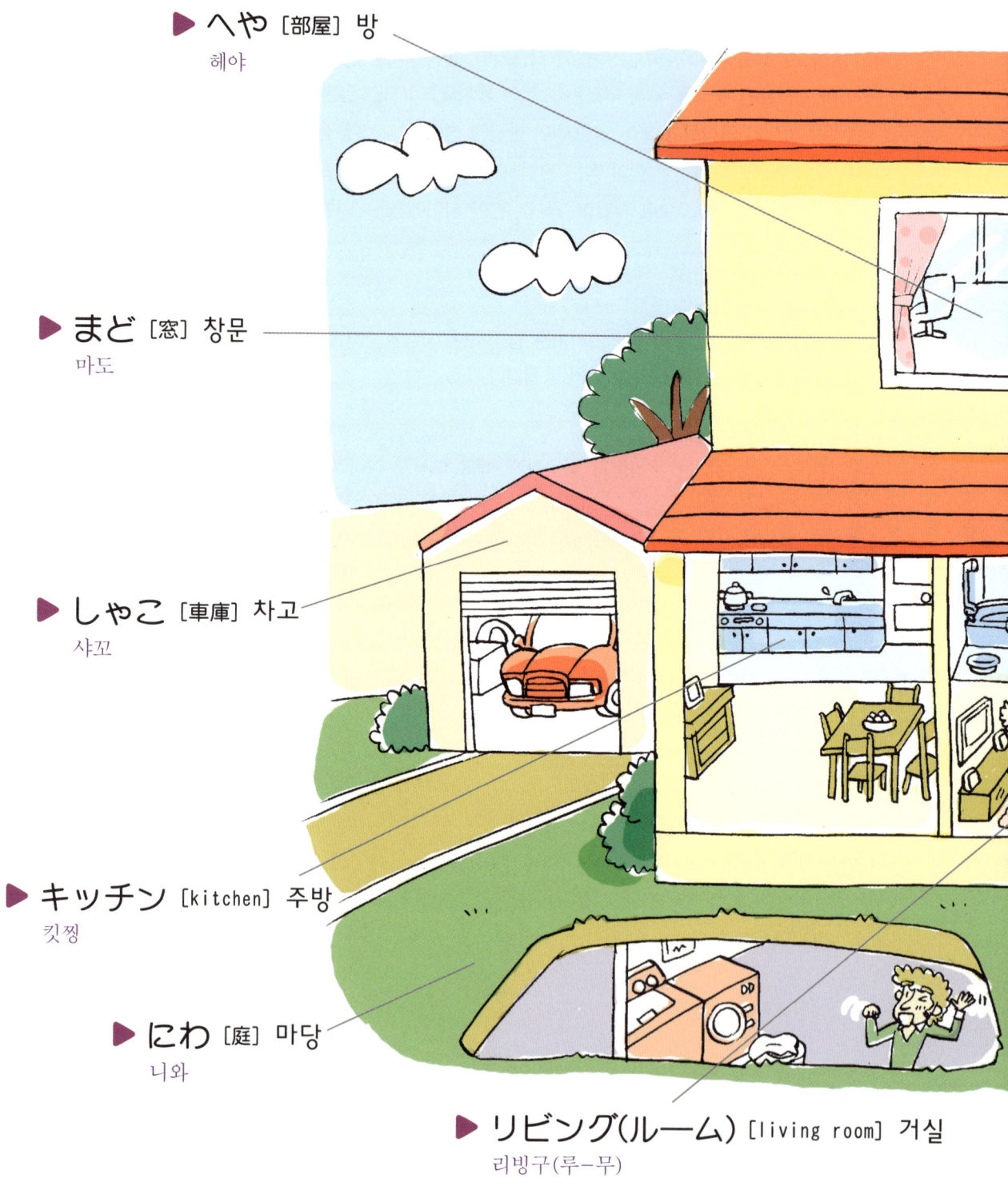

그림 단어

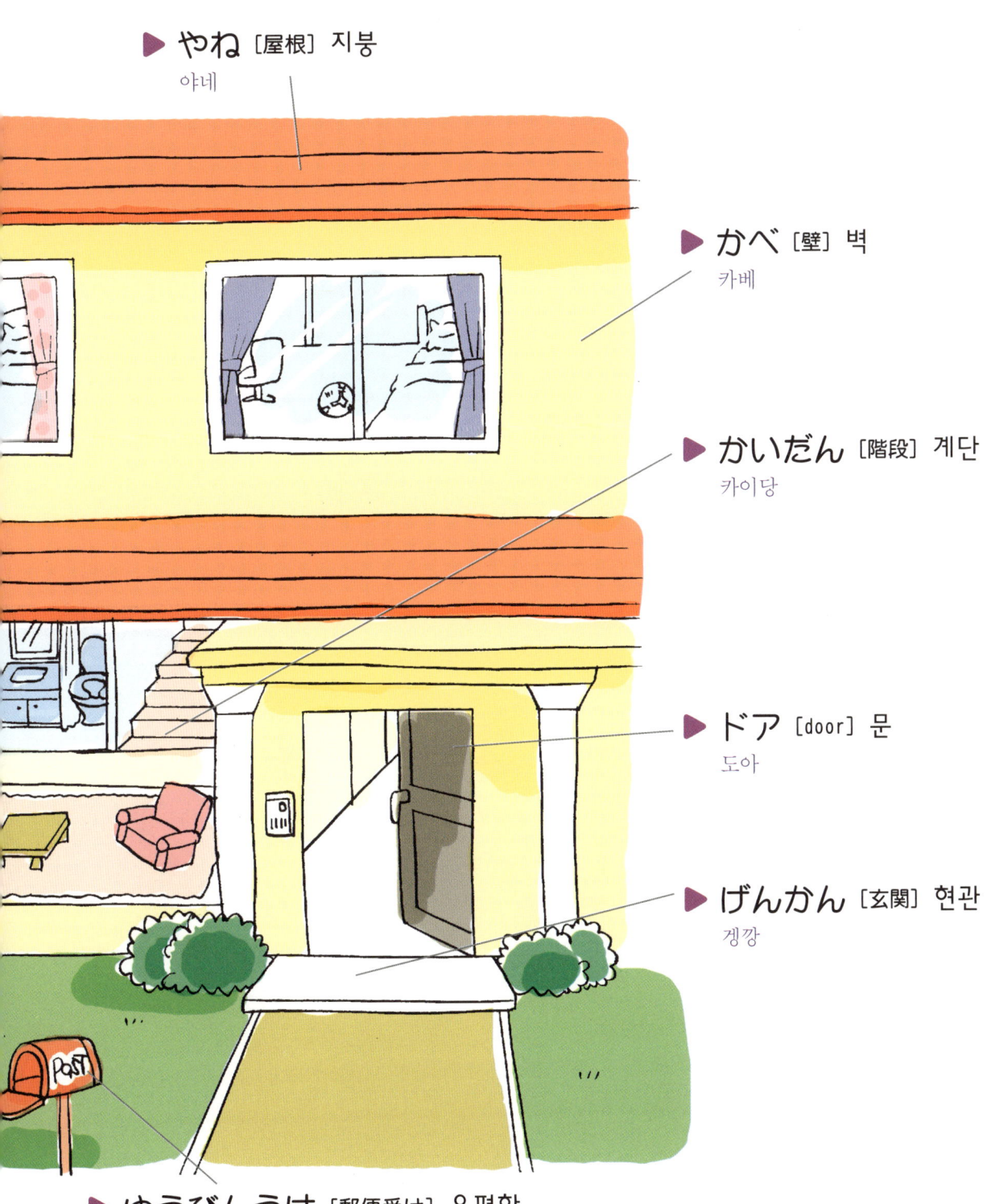

▶ やね [屋根] 지붕
야네

▶ かべ [壁] 벽
카베

▶ かいだん [階段] 계단
카이당

▶ ドア [door] 문
도아

▶ げんかん [玄関] 현관
겡깡

▶ ゆうびんうけ [郵便受け] 우편함
유-빙우께

 평가 테스트

🐟 빈칸에 알맞은 말을 넣으세요.

1. はじめまして。 _____。 처음 뵙겠습니다. 이유리입니다.

2. _____ です。 저는 노다 메구미입니다.

3. _____ よろしく おねがいします。 이쪽이야말로 잘 부탁드립니다.

🐟 다음 문장을 일본어로 만드세요.

4. 처음 뵙겠습니다.

   _____。

5. 아무쪼록 잘 부탁합니다.

   _____。

6. 이쪽은 김 씨입니다.

   _____。

 정답

| 1. イ・ユリです | 2. わたしは 野田(のだ) 恵(めぐみ) | 3. こちらこそ |
| 4. はじめまして | 5. どうぞ よろしく おねがいします | 6. こちらは キムさんです |

# Day 03

## あなたは 学生ですか。

**기본 표현** 명사를 활용해서 질문하고 답하기

女 : **あなたは 学生ですか。** 당신은 학생입니까?
아나따와 가꾸세-데스까

男 : **はい、大学生です。** 예, 대학생입니다.
하이  다이가꾸세-데스

男 : **石田さんは モデルですか。**
이시다상와 모데루데스까
이시다 씨는 모델입니까?

女 : **いいえ、モデルでは ありません。** 아니오, 모델이 아닙니다.
이-에  모데루데와 아리마셍

**彼は デザイナーです。** 그는 디자이너입니다.
카레와 데자이나-데스

**새로운 단어**

学生(がくせい) 학생
~ですか ~입니까?
大学生(だいがくせい) 대학생
はい 예
石田(いしだ) 이시다, 일본인의 성
いいえ 아니오
モデル 모델(model)
~では(じゃ)ありません ~이(가) 아닙니다
彼(かれ) 그, 그 남자
デザイナー 디자이너(designer)

# Day 03

 해설

● あなたは 学生(がくせい)ですか。

문장 끝에 의문을 나타내는 조사 か를 붙이면 의문 표현이 됩니다. 우리말과 달리 일본어는 의문문에도 물음표를 붙이지 않는 것이 원칙이에요. 하지만 말할 때는 항상 조사 か를 붙여 의문 표현을 만드는 것이 아니므로 편의상 물음표를 붙이기도 합니다.

● はい(예) / いいえ(아니오)

질문에 대한 대답으로 긍정할 때는 はい, 부정할 때는 いいえ라고 합니다. 일상 회화에서는 はい 대신 좀 더 친근하게 ええ(예)라고도 합니다. 하지만 다른 사람이 자신의 이름을 부를 때에는 꼭 はい라고 대답해야합니다.

● ～では(じゃ) ありません。

명사 뒤에 では(じゃ) ありません을 붙이면 '～이(가) 아닙니다' 라는 부정형이 됩니다. では는 회화에서 じゃ로 줄여서 사용하는 경우가 많습니다. ～じゃありません이나 ～じゃないです라고 해도 되는데 이 때 ありません이 ないです보다 좀 더 정중한 표현입니다.

### イケメン(이께멩) - 꽃미남

얼굴이 잘 생긴 멋진 남자를 의미하는 イケメン은 '잘나간다, 멋있다' 는 뜻의 いけてる와 '얼굴' 을 나타내는 面(めん)(또는 영어의 men)이 합성된 유행어입니다. 우리말로는 '꽃미남' 에 가까운 말이지요. 단지 얼굴이 잘 생긴 것 뿐 아니라 전체적으로 스타일도 좋은 남자를 말할 때 써요.

# Day 03

## 응용 회화

男: あなたは 会社員ですか。
아나따와 카이샤인데스까

女: ええ、住友銀行の 社員です。
에-  스미토모깅코-노 샤인데스

男 : 당신은 회사원인가요?
女 : 예, 스미토모은행 사원이에요.

男: ワンさんは 中国人ですか。
왕상와 츄-고꾸진데스까

女: はい、そうです。
하이   소-데스

男: ヨンさまも 中国人ですか。
욘사마모 츄-고꾸진데스까

女: いいえ、そうでは ありません。韓国人です。
이-에   소-데와 아리마셍   캉꼬꾸진데스

男 : 왕 씨는 중국인입니까?
女 : 예, 그렇습니다.
男 : 욘사마도 중국인입니까?
女 : 아니오, 그렇지 않습니다. 한국인입니다.

새로운 단어

会社員(かいしゃいん) 회사원
~の 명사와 명사 사이에서 수식 및
　　연결함, 해석은 보통 생략됨
社員(しゃいん) 사원
ワン(王) 왕, 중국인의 성

中国人(ちゅうごくじん) 중국인
そうです 그렇습니다
さま 상보다 더 정중한 문어체적인 경칭
~も ~도
そうでは(じゃ) ありません 그렇지 않습니다

- ～も는 '～도'라는 뜻으로 명사에 붙어 같은 종류의 것이 이밖에도 있음을 나타내는 조사입니다. 강조의 의미를 나타낼 때도 있습니다.

  예) ワンさんは 中国人です。 왕 씨는 중국인입니다.
  　　田中さんも 中国人ですか。 다나카 씨도 중국인입니까?

### ❖ 国(くに)の 名前(なまえ) 여러 나라 이름

| 한국 | 韓国(かんこく) 캉꼬꾸 |
|---|---|
| 일본 | 日本(にほん/ にっぽん) 니홍/ 닙뽄 (두 가지로 읽음) <br> * 일본은 정식으론 日本國(にほんこく)이라고 합니다. 일본 지폐에도 日本國이라고 적혀 있습니다. |
| 중국 | 中国(ちゅうごく) 츄-고꾸 |
| 북한 | 北朝鮮(きたちょうせん) 키타쵸-센 |
| 미국 | アメリカ 아메리까, 米国(べいこく) 베-코꾸 |
| 캐나다 | カナダ 카나다 |
| 프랑스 | フランス 후란스 |
| 영국 | イギリス 이기리스, 英国(えいこく) 에-코꾸 |
| 독일 | ドイツ 도이쯔 |
| 이탈리아 | イタリア 이따리아 |
| 러시아 | ロシア 로시아 |
| 오스트레일리아 | オーストラリア 오-스또라리아 |
| 인도 | インド 인도 |

## 평가 테스트

**빈칸에 알맞은 말을 넣으세요.**

1. わたしは _____ です。  저는 회사원입니다.

2. あなたは _____ ですか。  당신은 학생입니까?

3. _____ モデルですか。  이시다 씨는 모델입니까?

**다음 대화를 완성하세요.**

4. A : ワンさんは _____ 。  왕 씨는 일본인입니까?

5. B : _____ 、わたしは 中国人です。  아니오, 저는 중국인입니다.

    田中さんは 日本人ですか。  다나카 씨는 일본인입니까?

6. A : はい、_____ 。  네, 그렇습니다.

**다음 문장을 일본어로 만드세요.**

7. 저는 소설가입니다. (소설가 小説家)

   _____ 。

8. 당신은 외국인입니까? (외국인 外国人)

   _____ 。

9. 아니오, 의사가 아닙니다. (의사 医者)

   _____ 。

---

1. 会社員(かいしゃいん)　　　2. 学生(がくせい)　　　3. 石田(いしだ)さんは
4. 日本人(にほんじん)ですか　　5. いいえ　　　6. そうです
7. わたしは 小説家(しょうせつか)です　　8. あなたは 外国人(がいこくじん)ですか
9. いいえ、医者(いしゃ)では ありません(じゃないです)

# 방 [部屋]

- ▶ ほんだな [本棚] 책장
  혼다나
- ▶ エアコン
  에아꽁
  [air-conditioner] 에어컨
- ▶ コンピューター
  콤쀼ー따ー
  [computer] 컴퓨터
- ▶ つくえ [机] 책상
  츠꾸에
- ▶ でんわ [電話] 전화
  뎅와
- ▶ けいたいでんわ [携帯電話] 휴대전화
  케ー따이뎅와
- ▶ いす [椅子] 의자
  이스

그림 단어

▶ **とけい** [時計] 시계
토케-

▶ **ベッド** [bed] 침대
벳도

▶ **ラジカセ** [radio cassette recorder] 라디오 카세트
라지카세

▶ **ほん** [本] 책
홍

# Day 04 これは 何<sup>なん</sup>ですか。

## 기본 표현 — こそあど와 の의 용법 맛보기

**これは かさです。** 이것은 우산입니다.
코레와 카사데스

**それは 料理<sup>りょうり</sup>の 本<sup>ほん</sup>です。** 그것은 요리책입니다.
소레와 료-리노 혼네스

**あれは 佐藤<sup>さとう</sup>さんの 車<sup>くるま</sup>です。** 저것은 사토 씨 자동차입니다.
아레와 사또-산노 쿠루마데스

**これは 何<sup>なん</sup>ですか。** 이것은 무엇입니까?
코레와 난데스까

**それは わたしの かばんです。** 그것은 제 가방입니다.
소레와 와따시노 카반데스

### 새로운 단어

| | |
|---|---|
| これ 이것 | あれ 저것 |
| 傘(かさ) 우산 | 佐藤(さとう) 사토, 일본인의 성 |
| それ 그것 | 車(くるま) 자동차 |
| 料理(りょうり) 요리 | 何(なん/なに) 무엇 |
| 本(ほん) 책 | かばん 가방 |

## 해설

❖ **こそあど(코소아도) 표현**

일본어의 지시대명사는 거리에 따라 こそあど로 나뉜다. 자기 쪽에 가까운 경우(근칭)에는 こ, 상대방에 가까운 경우(중칭)에는 そ, 둘 다에게 먼 경우(원칭)에는 あ, 모르는 경우(부정칭)에는 ど를 사용해서 나타냅니다.

| 사물을 가리킬 때 | 이것 | 그것 | 저것 | 어느 것 |
|---|---|---|---|---|
| | これ | それ | あれ | どれ |

## 조사 の의 여러 가지 용법

**❶ ~의** : 소유격을 나타내는 조사

예) 杉本(すぎもと)さん<u>の</u> 時計(とけい)です。 스기모토 씨의 시계입니다.

**❷ 명사+の+명사** : 일본어에서는 고유명사나 복합어 이외의 명사와 명사를 연결할 때는 반드시 の를 넣어야 합니다. 이 때 の는 해석하지 않는 것이 자연스러운 경우가 많습니다.

예) 英語(えいご)<u>の</u> 先生(せんせい) 영어 선생님

**❸ ~의 것** : 소유대명사로서 소유, 소속을 나타냄

예) これは だれ<u>の</u>ですか。 이것은 누구 것입니까?
    わたし<u>の</u>じゃ ありません。 제 것이 아니에요.

## これは 何(なん)ですか。 それは ~です。

これ로 물으면 それ, それ로 물으면 これ, あれ로 물으면 あれ로 대답하는 것이 자연스럽습니다. 이는 말하는 사람과 상대방과의 위치 차이 때문입니다.

## 何(なん・なに) 무엇

何 뒤에 ですか를 붙여 何(なん)ですか라고 하면 '무엇입니까' 라고 묻는 표현이 됩니다. 何은 なん 또는 なに 두 가지 방법으로 읽을 수 있습니다.

**❶ なん으로 읽을 때** – 뒤에 T, D, N발음이 올 때 / 수를 물을 때

예) 何(なん)ですか 무엇입니까?  何(なん)の 무슨
    何(なん)だ 뭐야            何(なん)時(じ) 몇 시
    何(なん)と 뭐라고

**❷ なに로 읽을 때** – なん 이외의 경우

예) 何(なに)が ありますか。 무엇이 있습니까?  何(なに)も ありません。 아무것도 없습니다.
    何(なに)か ありますか。 뭔가 있습니까?  何(なに)を して いますか。 무엇을 하고 있습니까?

예외) 何(なに)か(뭔가)는 일상 대화에서 발음하기 쉽게 何(なん)か라고도 합니다. 수단을 나타내는 で가 뒤에 오는 경우 何(なに)라고 읽으며 '무엇으로' 라는 뜻입니다. 何 뒤에 で가 올 경우 원래 なん으로 읽어야 하지만 何(なん)で는 '어째서, 왜' 라는 뜻으로 쓰이기 때문이지요.

# Day 04

## 응용 회화

女: これは 木村(きむら)さんの デジカメですか。
코레와 키무라산노 데지까메데스까

男: ええ、わたしの デジカメです。
에- 와따시노 데지까메데스

女: 時計(とけい)も 木村(きむら)さんのですか。
토께-모 키무라산노데스까

男: いいえ、ちがいます。わたしのじゃ ないです。
이-에 치가이마스 와따시노쟈 나이데스

それは イさんのです。
소레와 이산노데스

女: 이것은 키무라 씨 디카인가요?
男: 예, 제 디카예요.
女: 시계도 키무라 씨 껀가요?
男: 아니오, 아닙니다. 제 것이 아니에요.
     그것은 이 씨 꺼예요.

### 새로운 단어

デジカメ(デジタルカメラ의 준말) 디카(digital camera)
時計(とけい) 시계
違(ちが)う 틀리다, 다르다
イ(李) 이, 한국인의 성

## 해설

● 木村(きむら)さんの デジカメ(키무라 씨의 디카)를 줄여서 木村(きむら)さんの(키무라 씨의 것)이라고 할 수 있습니다. 아래 두 문장을 비교해 보세요.

예) これは 木村(きむら)さんの デジカメですか。 이것은 키무라 씨의 디카입니까?
    これは 木村(きむら)さんのですか。 이것은 키무라 씨의 것입니까?

## 평가 테스트

### 빈칸에 알맞은 말을 넣으세요.

1. これは _____。 이것은 무엇입니까?

2. それは _____ くつです。 그것은 제 구두입니다.

3. あれは _____ です。 저것은 키무라 씨 자동차입니다.

### 다음 대화를 완성하세요.

4. A : これは _____ ですか。 이것은 사토 씨 시계인가요?

5. B : いいえ、わたしの _____。 아니오, 제 것이 아닙니다.

6. A : _____ です。 이 씨 것입니다.

### 다음 문장을 일본어로 만드세요.

7. 이것은 인형입니까? (인형 にんぎょう)

   _____ 。

8. 제 디카가 아니에요.

   _____ 。

9. 저것은 비행기입니다. (비행기 ひこうき)

   _____ 。

---

 정답

| | | |
|---|---|---|
| 1. 何(なん)ですか | 2. わたしの | 3. 木村(きむら)さんの 車(くるま) |
| 4. 佐藤(さとう)さんの とけい | 5. では ありません(じゃ ないです) | 6. イさんの |
| 7. これは にんぎょうですか | 8. わたしの デジカメでは ありません(じゃ ないです) | 9. あれは ひこうきです |

# 거실 [リビング]

▶ カーテン [curtain] 커튼
카ー뗑

▶ テレビ [television] 텔레비전
테레비

▶ カーペット [carpet] 카펫
카ー펫또

▶ しんぶん [新聞] 신문
심붕

▶ テーブル [table] 테이블
테ー부루

▶ リモコン [remote control] 리모컨
리모꽁

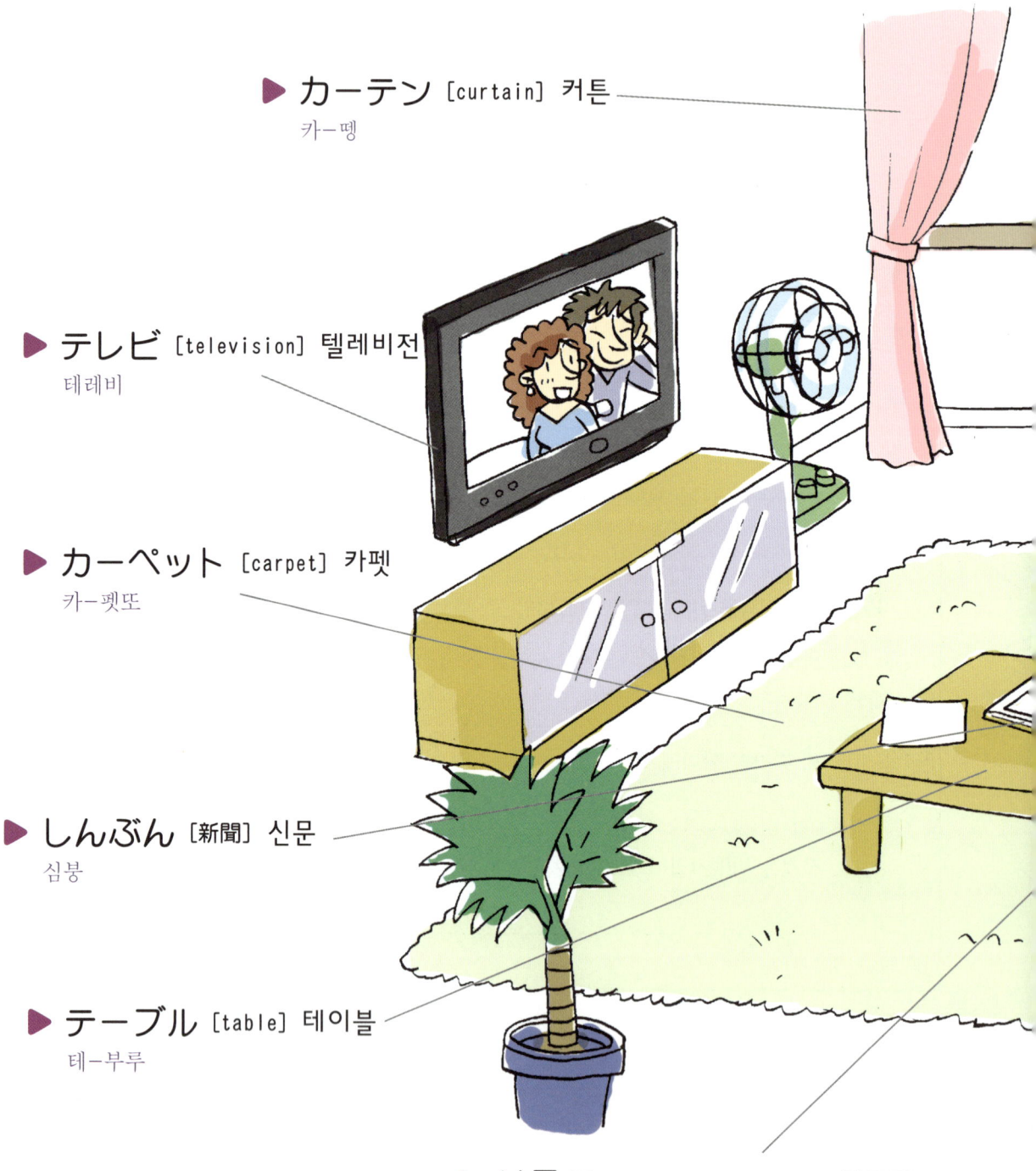

그림 단어

▶ カレンダー [calendar] 달력
카렌다-

▶ オーディオ [audio] 오디오
오-디오

▶ そうじき [掃除機] 청소기
소-지끼

▶ ソファー [sofa] 소파
소화-

▶ ごみばこ [ごみ箱] 쓰레기통
고미바꼬

# Day 05

## あの 人は だれですか。

**기본 표현**　가족 소개

この 人は わたしの いもうとです。　이 사람은 제 여동생입니다.
코노 히또와 와따시노 이모-또데스

あの 人は だれですか。　저 사람은 누구예요?
아노 히또와 다레데스까

わたしの あねです。　제 언니예요.
와따시노 아네데스

あの 方は どなたですか。　저 분은 누구십니까?
아노 카따와 도나따데스까

春香ちゃんの 彼氏です。　하루카 양의 남자친구입니다.
하루카쨩노 카레시데스

この 이
人(ひと) 사람
妹(いもうと) 여동생
あの 저
だれ 누구
姉(あね) 언니, 누나

方(かた) 분
どなた 누구, 어느 분
春香(はるか) 여자이름
ちゃん 보통 여자에게 붙이는 애칭
彼氏(かれし) 남자친구

# Day 05

❖ 명사를 꾸며주는 この・その・あの・どの

| 명사를 꾸밀 때 | 이 | 그 | 저 | 어느 |
|---|---|---|---|---|
| | このほん 이 책 | そのほん 그 책 | あのほん 저 책 | どのほん 어느 책 |

「この＋명사」는 앞에서 배운 「これ」로 바꿔 쓸 수 있어요!

- 예  この＋ほん (이 책) → これ (이것)
  その＋ほん (그 책) → それ (그것)
  あの＋ほん (저 책) → あれ (저것)
  どの＋ほん (어느 책) → どれ (어느 것)

● あの 人(ひと)는 '저 사람'이란 뜻이며 좀 더 높여서 말하면 あの 方(かた)가 되는데 '저 분'이라는 뜻입니다. あの 方(かた)라고 말할 때는 だれ(누구)대신에 높임말인 どなた(어느 분)을 써서 정중하게 질문합니다.

- 예  あの 人は だれですか。 저 사람은 누구입니까?
  あの 方は どなたですか。 저 분은 어느 분이십니까?

### できちゃった 結婚(けっこん) (데끼쨧따 켁꽁) - 속도위반결혼

아기가 생겨 결혼하게 된 것을 '속도위반결혼' 이라고 하죠? 일본어로는 できちゃった結婚(けっこん)이라고 합니다. 일본의 후지TV에서 2001년 방영된 다케노우치 유타카와 히로스에 료코 주연의 드라마 '속도위반결혼' 의 원제목도 「できちゃった 結婚(けっこん)」이랍니다.

## Day 05

❖ **家族(かぞく) 가족**

자기 가족은 겸손하게 일컫고 남의 가족은 높여 부릅니다.

| | 자기 가족을 남에게 말할 때 | 남의 가족을 부를 때 |
|---|---|---|
| 할아버지 | 祖父(そふ) | お祖父(じい)さん |
| 할머니 | 祖母(そぼ) | お祖母(ばあ)さん |
| 아버지 | 父(ちち) | お父(とう)さん |
| 어머니 | 母(はは) | お母(かあ)さん |
| 형(오빠) | 兄(あに) | お兄(にい)さん |
| 누나(언니) | 姉(あね) | お姉(ねえ)さん |
| 남동생 | 弟(おとうと) | 弟(おとうと)さん |
| 여동생 | 妹(いもうと) | 妹(いもうと)さん |
| 아들 | 息子(むすこ) | 息子(むすこ)さん |
| 딸 | 娘(むすめ) | 娘(むすめ)さん |
| 남편 | 主人(しゅじん)、夫(おっと) | ご主人(しゅじん) |
| 아내 | 妻(つま)、家内(かない) | おくさん |
| 아저씨 | おじ | おじさん |
| 아주머니 | おば | おばさん |

## 응용 회화

女: この しゃしんの 人は おにいさんですか。
코노 샤신노 히또와 오니-산데스까

男: ええ、ぼくの あにです。
에- 보꾸노 아니데스

女: その となりの 人は だれですか。
소노 토나리노 히또와 다레데스까

男: あにの 友だちの 吉野さんです。
아니노 토모다찌노 요시노산데스

女: 이 사진에 있는 사람은 형인가요?
男: 네, 제 형이예요.
女: 그 옆에 있는 사람은 누구예요?
男: 형 친구인 요시노 씨입니다.

### 새로운 단어

写真(しゃしん) 사진
お兄(にい)さん 형, 오빠(타인의 가족을 말할 때)
ええ 예
兄(あに) 형, 오빠(자기 가족)

その 그
隣(となり) 옆, 이웃
友(とも)だち 친구
吉野(よしの) 요시노, 일본인의 성

## 해설

● この しゃしんの 人…

우리말에선 '의'라는 조사가 거듭 나오면 부자연스러운 문장이 되지만 일본어에선 の가 두세 번 나와도 자연스럽습니다.

● ぼくの あにです。

ぼく라는 1인칭대명사는 거의 남자만 사용하는 표현입니다.

● あにの 友(とも)だちの 吉野(よしの)さんです。

앞에 나온 の는 소유격이고 뒤에 나온 の는 동격을 뜻합니다.

# 욕실 [お風呂]

▶ かがみ [鏡] 거울
카가미

▶ タオル [towel] 타월
타오루

▶ はみがきこ [歯磨き粉] 치약
하미가끼꼬

▶ はブラシ [歯ブラシ] 칫솔
하부라시

▶ トイレットペーパー
토이렛또뻬―빠―
[toilet paper] 화장지

▶ トイレ [toilet] 화장실
토이레

▶ おふろ [お風呂] 목욕탕
오후로

## 그림 단어

▶ **シャンプー** [shampoo] 샴푸
샴푸-

▶ **リンス** [rinse] 린스
린스

▶ **ゆぶね** [湯船] 욕조
유부네

▶ **ヘアドライヤー**
헤아도라이야-
[hair dryer] 헤어드라이어

▶ **せっけん** [石鹸] 비누
섹껭

## 평가 테스트

🐟 빈칸에 알맞은 말을 넣으세요.

1. _____ ぼくの 母です。 이 사람은 저희 어머니에요.

2. あの 方は _____ です。 저 분은 오노 씨 할아버지에요.

3. この 人は _____ 。 이 사람은 누구입니까?

🐟 다음 문장을 해석하세요.

4. 友だちの 吉野です。

   _____ .

5. この しゃしんの 人は だれですか。

   _____ ?

🐟 다음 문장을 일본어로 만드세요.

6. 저 사람은 누구입니까?

   _____ 。

7. 박 씨의 여동생입니다.

   _____ 。

---

1. この 人(ひと)は　　　2. 小野(おの)さんの おじいさん　　　3. だれですか
4. 친구인 요시노입니다　　　5. 이 사진에 있는 사람은 누구입니까　　　6. あの 人(ひと)は だれですか
7. パクさんの 妹(いもうと)さんです

# Day 06

## ケータイは かばんの 中（なか）に あります。

**기본 표현** 존재의 유무, 위치와 장소

ケータイは かばんの 中（なか）に あります。　휴대폰은 가방 안에 있어요.
케-따이와 카반노 나까니 아리마스

つくえの 上（うえ）に パソコンが あります。
츠꾸에노 우에니 파소꽁가 아리마스
책상 위에 컴퓨터가 있습니다.

ここには 何（なに）も ありません。　여기에는 아무것도 없습니다.
코꼬니와 나니모 아리마셍

ねこは ベッドの 下（した）に います。　고양이는 침대 밑에 있어요.
네꼬와 벳또노 시따니 이마스

加藤（かとう）くんの 後（うし）ろに 森（もり）くんが います。　카또 군 뒤에 모리 군이 있습니다.
카또-꾼노 우시로니 모리꽁가 이마스

うちには ペットが いません。　우리 집에는 애완동물이 없습니다.
우찌니와 펫또가 이마셍

**새로운 단어**

ケータイ 휴대 전화
かばん 가방
中（なか） 안, 속
～に ～에
あります 있습니다(식물, 무생물)
机（つくえ） 책상
上（うえ） 위
パソコン 퍼스널 컴퓨터(PC), personal computer의 준말
～が ～이, 가
ここ 여기
～には ～에는

何（なに）も 아무것도
ありません 없습니다
猫（ねこ） 고양이
ベッド 침대(bed)
下（した） 아래
います 있습니다(사람, 동물)
加藤（かとう） 카또, 일본인의 성
～君（くん） ～군 (부하직원인 경우 여자에게도 씁니다)
後（うし）ろ 뒤
森（もり） 모리, 일본인의 성
家（うち/いえ） 집
ペット 애완동물(pet)

Part 2 일본어 첫걸음 ● 85

- 휴대전화는 **ケータイ**라고 합니다. 원래는 한자로 携帯電話(けいたいでんわ)라고 하는 것을 줄여서 携帯(けいたい)라고 하는데, 일상적으로 편하게 쓸 때는 카타카나로 ケータイ 또는 ケイタイ 라고 말하는 경우가 많습니다. 카타카나로 쓰는 것이 더 간략해 보이기 때문이지요.

- **あります와 います의 구별**
  일본어에는 우리말의 '있습니다'에 해당하는 말로 あります와 います가 있습니다. 그 대상이 무엇인지에 따라 다음과 같이 나뉩니다.
  - **あります** : 식물, 무생물 등 스스로 움직일 수 없는 존재
  - **います** : 사람, 동물 등 스스로 움직일 수 있는 존재

❖ 위치를 나타내는 말

| 위 | 아래 | 앞 | 뒤 | 옆 |
|---|---|---|---|---|
| 上(うえ) | 下(した) | 前(まえ) | 後(うし)ろ | 横(よこ) |
| 왼쪽 | 오른쪽 | 안, 중간 | 밖 | 옆, 이웃 |
| 左(ひだり) | 右(みぎ) | 中(なか) | 外(そと) | 隣(となり) |

⇒ よこ(横)와 となり(隣)의 차이
　よこ와 となり는 한국어로 둘 다 '옆'을 나타냅니다. よこ는 보통 가로 방향으로 옆이라는 뜻이고 となり는 앞뒤 방향을 포함하여 사람과 사람, 집과 집 등 같은 종류로 이웃이라고 번역됩니다. となり라는 말만으로 となりの 家(いえ)(옆집)를 뜻합니다.

- **君(くん)**이란 호칭은 우리나라에서도 쓰지만 일본에선 한국보다 훨씬 폭넓게 사용됩니다. 성인이 되었어도 동년배 남자에게 친근감을 담아 흔히 쓰며, 여성의 경우는 부하 직원에게 쓰이는데 좀 딱딱한 느낌이 듭니다.

- **うち와 いえ의 차이**
  「家」는 うち와 いえ로 읽는데 둘 다 '집'이라는 뜻을 가지고 있지만 약간 뉘앙스가 다릅니다.
  - **家(うち)** : 가정, 우리 집, 자신이 사는 집
  - **家(いえ)** : 일반적인 집, 주택

 何(なに)와 だれ의 여러 가지 뉘앙스 따라잡기

## ★ 何が · 何か · 何も　무엇이 · 무언가 · 아무것도

何는 '무엇' 이라는 뜻으로 사물에 대해 물을 때 씁니다. ～が는 '이(가)' 라는 뜻의 조사이므로 何が는 '무엇이' 가 되고, 의문을 나타내는 ～か는 '～인지(인가)' 라는 뜻으로 불확실함을 나타낼 때도 쓰며 何か는 '무엇인가(무언가)' 가 됩니다. 何も는 '아무것도' 라는 뜻으로 뒤에는 부정의 문장이 옵니다.

예　A : あそこに 何が ありますか。　저기에 무엇이 있습니까?
　　B : 木が あります。　나무가 있습니다.

　　A : あそこに 何か ありますか。　저기에 뭔가 있습니까?
　　B : はい、あります。 예, 있습니다. / いいえ、何も ありません。 아니오, 아무것도 없습니다.

何(무엇)가 사물을 물을 때 쓰는 말이라면 사람을 물을 때는 だれ(누구)를 씁니다.

## ★ だれが · だれか · だれも　누가 · 누군가 · 아무도

예　A : へやに だれが いますか。　방에 누가 있습니까?
　　B : おとうとが います。　남동생이 있습니다.

　　A : へやに だれか いますか。　방에 누군가 있습니까?
　　B : はい、います。 예, 있습니다. / いいえ、だれも いません。 아니오, 아무도 없습니다.

## 응용 회화

A: カンさん、佐々木さんは ここに いますか。
칸상　　　사사끼상와 코꼬니 이마스까

B: いいえ、ここには だれも いないです。
이-에　코꼬니와 다레모 이나이데스

A: じゃ、中村くんは？
쟈　나까무라꿍와

B: 中村くんは 事務室の 中に います。
나까무라꿍와 지무시쯔노 나까니 이마스

A : 강 씨, 사사키 씨는 여기에 있나요?
B : 아뇨, 여기엔 아무도 없습니다.
A : 그럼, 나카무라 군은요?
B : 나카무라 군은 사무실 안에 있어요.

女: すみません、トイレは どこですか。
스미마셍　　토이레와 도꼬데스까

男: トイレですか。あの ドアの 左に あります。
토이레데스까　　아노 도아노 히다리니 아리마스

女 : 실례합니다, 화장실은 어디입니까?
男 : 화장실 말인가요? 저 문 왼쪽에 있어요.

| | |
|---|---|
| カン(姜) 강, 한국인의 성 | トイレ 화장실 (toilet=お手洗[てあら]い) |
| 佐々木(ささき) 사사키, 일본인의 성 | どこですか 어디입니까 |
| だれも 아무도 | ドア 문(door) |
| 中村(なかむら) 나카무라, 일본인의 성 | 左(ひだり) 왼쪽 |
| 事務室(じむしつ) 사무실 | |

### 장소를 나타내는 ここ・そこ・あそこ・どこ

| 장소를 나타낼 때 | 여기(이 곳) | 거기(그 곳) | 저기(저 곳) | 어디(어느 곳) |
|---|---|---|---|---|
| | ここ | そこ | あそこ | どこ |

### 방향을 나타내는 こちら・そちら・あちら・どちら

| 방향을 나타낼 때 | 이쪽 | 그쪽 | 밖 | 옆, 이웃 |
|---|---|---|---|---|
| | こちら | そちら | あちら | どちら |
| | こっち | そっち | あっち | どっち |

⇒ 위의 방향을 나타내는 표현은 장소를 나타내는 표현을 정중하게 말할 때도 씁니다. 일상적인 회화에서는 こっち・そっち・あっち・どっち로 사용합니다.

● **佐々木(ささき)さん**의 々는 앞에 나온 한자가 반복된다는 기호입니다. 이것은 옛날엔 한자문화권에서 널리 사용되었지만 지금은 일본에서만 쓰입니다.

예) 色々(いろいろ) 여러 가지 종류   様々 가지각색

● **どこですか。**

장소를 물을 때는 どこですか(어디입니까?)라고 합니다. 또 どこにありますか(어디에 있습니까?)라고 물을 수도 있습니다.

예) キムさんの うちは どこですか。 김 씨 집은 어디입니까?
　　スーパーは どこに ありますか。 슈퍼마켓은 어디에 있습니까?

# 식사 [食事]
しょくじ

▶ ぎゅうにゅう [牛乳] 우유
규ー뉴ー

▶ フォーク [fork] 포크
훠ー꾸

▶ ナイフ [knife] 나이프
나이후

▶ ジュース [juice] 주스
쥬ース

▶ はし [箸] 젓가락
하시

▶ ステーキ [steak] 스테이크
스떼ー끼

▶ スプーン [spoon] 숟가락
스뿌ーン

▶ コーヒー [coffee] 커피
코ー히ー

그림 단어

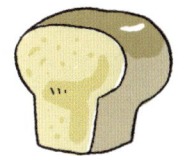
▶ パン [(포) pão] 빵
팡

▶ サラダ [salad] 샐러드
사라다

▶ メニュー [(프) menu] 메뉴
메뉴-

▶ ピザ [(이) pizza] 피자
피자

▶ ハンバーガー [hamburger] 햄버거
함바-가-

▶ サンドイッチ [sandwich] 샌드위치
산도잇찌

▶ しお [塩] 소금
시오

▶ さとう [砂糖] 설탕
사또-

▶ ソーセージ [sausage] 소시지
소-세-지

Part 2 일본어 첫걸음 91

## 평가 テスト

### 빈칸에 알맞은 말을 넣으세요.

1. ケータイは _____ 。  휴대 전화는 어디에 있습니까?

2. _____ に 本(ほん)が あります。  책상 위에 책이 있습니다.

3. ねこは ベットの 下(した)に _____ 。  고양이는 침대 밑에 없습니다.

### 다음 대화를 완성하세요.

4. A : 佐々木(ささき)さん、うちは _____ 。  사사키 씨 집은 어디입니까?

   B : シンチョンです。  신촌입니다.

5. A : はこの 中(なか)に _____ 。  상자 속에 무엇이 있습니까?

   B : なにも ありません。  아무것도 없습니다.

### 다음 문장을 일본어로 만드세요.

6. 나카무라 군은 어디에 있습니까?

   _____ 。

7. 제 오른쪽에 카또 씨가 있습니다.

   _____ 。

---

1. どこに ありますか        2. つくえの 上(うえ)        3. いません
4. どこですか              5. 何(なに)が ありますか    6. 中村(なかむら)くんは どこに いますか
7. わたし(또는 ぼく)の 右(みぎ)に 加藤(かとう)さんが います

# Day 07

## この えいがは おもしろいです。

### 기본 표현  い형용사

きょうは 暑いです。  오늘은 덥습니다.
쿄-와 아쯔이데스

この マンガは おもしろいです。  이 만화는 재미있어요.
코노 망가와 오모시로이데스

スマップの コンサートは すごいですね。  SMAP의 콘서트는 굉장하네요.
스맙뿌노 콘사-또와 스고이데스네

これは 冷たい ビールです。  이것은 차가운 맥주입니다.
코레와 츠메따이 비-루데스

彼女は 明るくて かわいい 人です。  그녀는 밝고 귀여운 사람이에요.
카노죠와 아까루꾸떼 카와이- 히또데스

あの 人は 悪く ありません。  저 사람은 나쁘지 않아요.
아노 히또와 와루꾸 아리마셍

わたしは 背が 高く ないです。  저는 키가 크지 않습니다.
와따시와 세가 타까꾸 나이데스

### 새로운 단어

今日(きょう) 오늘
暑(あつ)い 덥다
漫画(まんが) 만화
面白(おもしろ)い 재미있다
スマップ(SMAP) 일본의 남성 5인조 국민 아이돌 그룹
コンサート 콘서트
凄(すご)い 굉장하다
冷(つめ)たい 차갑다

ビール 맥주(네 bier)
彼女(かのじょ) 그녀, 여자친구
明(あか)るい 밝다
可愛(かわい)い 귀엽다
悪(わる)い 나쁘다
~く ありません(=く ないです) ~하지 않습니다
背(せ) 등, 키
高(たか)い 높다, (키가)크다, 비싸다

❖ 날씨와 관련된 형용사

> 暖(あたた)かい 따뜻하다, 포근하다
> 暑(あつ)い 덥다
> 寒(さむ)い 춥다
> 涼(すず)しい 시원하다, 선선하다

● 종조사 ね ~군요, ~지요, ~네요

종조사(문장 끝에 붙는 조사) ね는 상대방의 말에 맞장구치며 동의하거나 동의를 구할 때, 가벼운 감동하는 기분을 나타낼 때 씁니다. 윗사람에겐 쓰면 안 되는 표현입니다.

예  それは そうですね。 그건 그렇네요.
　　 この すし おいしいですね。 이 초밥 맛있네요.

● これは 冷(つめ)たい ビールです。

외래어를 표기할 때 한글표기에선 장음이 없으므로 장음부호(ー)를 빠뜨리기 쉽습니다. 하지만 장음부호는 하나의 글자로 인식해야 하며, 빠뜨리면 전혀 다른 의미(ビル 빌딩 building의 생략표현)가 되고 맙니다.

# Day 07

 **い형용사의 여러 가지 활용**

일본어의 형용사는 두 가지 형태가 있습니다. 명사 앞에 붙일 때 '～い+명사' 형태가 되는 것을 い형용사, '～な+명사'의 형태가 되는 것을 な형용사라고 합니다. 그 중 い형용사의 활용에 대해 알아봅시다.

## ★ い형용사 + です

い형용사를 정중하게 표현하려면 기본형(～い)에 です를 붙이면 됩니다.

예) おもしろい ＋ です　→　おもしろいです
　　재미있다　　　～ㅂ니다　　재미있습니다

## ★ い형용사 + 명사

い형용사 뒤에 명사를 붙여 꾸며줄 때는 기본형 뒤에 명사를 바로 연결하면 됩니다.

예) おもしろい ＋ えいが　→　おもしろい えいが
　　재미있다　　　영화　　　재미있는 영화

## ★ い형용사 + て (い형용사 나열하기)

い형용사를 여러 개 연결하려면 어미 い를 떼어 く로 바꾸고 て를 붙입니다. 여기서 て는 '～고'라는 의미로 앞뒤를 연결하는 역할을 하는데, て를 붙이기 위해 い가 く로 바뀌었다고 생각하면 됩니다.

**い → く + て**

예) おもしろい ＋ いい ＋ えいが　→　おもしろくて いい えいが
　　재미있다　　　좋다　　영화　　　재미있고 좋은 영화

## ★ い형용사 + ない (부정)

い형용사에 '～지 않다'는 뜻을 가진 ない를 붙여 부정형을 만드는데 이때도 い형용사의 어미 い를 떼고 く로 바꾸어 ない를 붙입니다. 좀 더 공손한 표현으로 만들려면 です를 붙여 ないです라고 하면 됩니다. ないです는 앞에서 배운 ありません로 바꿔서 쓸 수도 있는데, ないです가 좀 더 일상회화에서 가볍게 사용하는 말입니다.

**い → く**

예) おもしろい ＋ ない　→　おもしろく ない
　　재미있다　　　～지 않다　　재미있지 않다

　　おもしろい ＋ ないです(ありません)　→　おもしろく ないです(ありません)
　　재미있다　　　～지 않습니다　　　　　　재미있지 않습니다

## 응용회화

女: 新(あたら)しい 料理(りょうり)は どうですか。
아따라시- 료-리와 도-데스까

男: やわらかくて おいしいです。
야와라까꾸떼 오이시-데스

女: 辛(から)く ないですか。
카라꾸 나이데스까

男: いえ、辛(から)くは ないです。でも、すこし 甘(あま)いですね。
이에   카라꾸와 나이데스   데모   스꼬시 아마이

女: 새로운 요리는 어때요?
男: 부드럽고 맛있네요.
女: 맵지 않으세요?
男: 아뇨, 맵지는 않아요. 하지만 조금 달아요.

### 새로운 단어

新(あたら)しい 새롭다
料理(りょうり) 요리
柔(やわ)らかい 부드럽다
おいしい 맛있다
辛(から)い 맵다

いえ 아니요(회화에서 쓰는 말)
でも 그러나, 하지만
少(すこ)し 조금
甘(あま)い 달다

## 해설

● どうですか 어떻습니까?

상대방의 마음이나 상태를 묻는 말로 '어떻습니까?, 어때요?' 라는 뜻입니다. どうですか에서 どう?라고 하면 반말 표현이 됩니다. 더 정중하게 물어보려면 いかがですか라고 합니다.

예) この シャツは どう? 이 셔츠는 어때?
　　そちらの 天気(てんき)は どうですか。 그쪽 날씨는 어때요?

# Day 07

● でも、すこし 甘(あま)いですね。

でもは それでもの 준말로 '그런데도, 그러나, 하지만' 이라는 뜻입니다. 앞 문장과 반대되는 의견을 이어서 말할 때 쓰는 접속어입니다.

예 でも、これは 悪(わる)く ないですね。 그러나 이건 나쁘지 않네요.
　　でも、格好(かっこう)いいですね。 하지만 멋있군요.

❖ 맛을 나타내는 형용사

| 맛있다 | おいしい |
| 맛있다, 솜씨가 뛰어나다 | うまい |
| 맛이 없다 | まずい |
| 달다 | 甘(あま)い |
| 맵다 | 辛(から)い |
| 짜다 | しょっぱい |
| 시다 | すっぱい |

❖ 자주 쓰는 い형용사

| 크다 | 大(おお)きい | | 작다 | 小(ちい)さい |
| 많다 | 多(おお)い | | 적다 | 少(すく)ない |
| 높다 | 高(たか)い | | 낮다 | 低(ひく)い |
| 비싸다 | | | 싸다 | 安(やす)い |
| 길다 | 長(なが)い | | 짧다 | 短(みじか)い |
| 멀다 | 遠(とお)い | | 가깝다 | 近(ちか)い |
| 넓다 | 広(ひろ)い | ↔ | 좁다 | 狭(せま)い |
| 무겁다 | 重(おも)い | | 가볍다 | 軽(かる)い |
| 강하다, 세다 | 強(つよ)い | | 약하다 | 弱(よわ)い |
| 쉽다 | 易(やさ)しい | | 어렵다 | 難(むずか)しい |
| 좋다 | いい・良(よ)い | | 나쁘다 | 悪(わる)い |
| 뜨겁다 | 熱(あつ)い | | 차갑다 | 冷(つめ)たい |
| 새롭다 | 新(あたら)しい | | 낡다, 오래되다 | 古(ふる)い |
| 밝다 | 明(あか)るい | | 어둡다 | 暗(くら)い |

## 일본 음식 [日本の食べ物]

▶ ごはん [ご飯]  밥
고항

▶ みそしる [味噌汁] 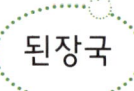 된장국
미소시루

▶ やきざかな [焼き魚]  생선구이
야끼자까나

▶ うめぼし [梅干]  매실절임
우메보시

▶ なっとう [納豆]  낫또
낫또-

▶ すし [寿司]  초밥
스시

그림 단어

▶ ラーメン 〔(중) 拉麺〕  라면
라-멩

▶ うどん 〔饂飩〕  우동
우동

▶ さしみ 〔刺身〕  생선회
사시미

▶ トンカツ 〔豚カツ〕  돈까스
톤까쯔

▶ たこやき 〔たこ焼き〕 다꼬야끼
타꼬야끼

▶ おにぎり 〔御握り〕 주먹밥
오니기리

## 평가 테스트

### 빈칸에 알맞은 말을 넣으세요.

1. この マンガは _____。 이 만화는 재미있어요.

2. カンさんは 背が _____。 강 씨는 키가 큽니다.

3. 彼女は _____ かわいい 人です。 그녀는 밝고 귀여운 사람이에요.

### 다음 대화를 완성하세요.

4. A : 料理は _____。 요리는 어때요?

5. B : _____。 맛있어요.

6. A : _____。 맵지 않으세요?
   B : ええ、すこし 辛いです。 네, 조금 맵네요.

### 다음 문장을 일본어로 만드세요.

7. 이 맥주는 차갑지 않습니다.

   _____。

8. 방은 좁고 어둡습니다. (방 へや, 좁다 せまい, 어둡다 くらい)

   _____。

1. おもしろいです
2. 高(たか)いです
3. 明(あか)るくて
4. どうですか
5. おいしいです
6. 辛(から)くないですか
7. このビールは 冷(つめ)たく ないです
8. へやは 狭(せま)くて 暗(くら)いです

# Day 08

## あそこは 有名(ゆうめい)な レストランです。

### 기본 표현 — な형용사

京都(きょう と)の さくらは きれいです。
쿄-또노 사꾸라와 키레-데스
교토의 벚꽃은 예쁩니다.

コンビニは とても 便利(べん り)です。
콤비니와 토떼모 벤리데스
편의점은 정말 편리합니다.

あそこは 有名(ゆうめい)な レストランです。 저곳은 유명한 레스토랑입니다.
아소꼬와 유-메나 레스또란데스

大川さんは やさしい 人(ひと)です。 오오카와 씨는 친절한 사람이에요.
오-까와상와 야사시- 히또데스

あの まちは 静(しず)かじゃ ありません。 저 거리는 조용하지 않습니다.
아노 마찌와 시즈까쟈 아리마셍

おとうとは 体(からだ)が 丈夫(じょう ぶ)じゃ ないです。 남동생은 몸이 튼튼하지 않아요.
오또-또와 카라다가 죠-부쟈 나이데스

### 새로운 단어

京都(きょうと) 교토, 1868년 이전의 일본 수도
桜(さくら) 벚꽃
きれいだ 예쁘다, 깨끗하다
レストラン 레스토랑(restaurant)
大川(おおかわ) 오오카와, 일본인의 성

やさしい 상냥하다, 친절하다
町(まち) 거리, 시내
静(しず)かだ 조용하다
体(からだ) 몸, 신체
丈夫(じょうぶ)だ 튼튼하다

- 京都(きょうと)の さくらは きれいです。
  
  京都는 메이지유신 이전까지 천년 이상 일본의 수도였고 京(きょう)라고 부르기도 합니다. 그래서 다른 어느 지역보다 문화재가 많습니다. さくら는 우리나라에서도 쓰는 속어인데 '바람잡이' 같은 안 좋은 뜻으로 쓰이지요. 일본에서도 그런 의미가 있습니다.

- コンビニは とても 便利(べんり)です。

  '벤리데스'를 '벨리데스'라고 잘못 발음하지 않도록 하세요.

- あの まちは 静(しず)かじゃ ありません。

  まち(町)는 거리 또는 도시를 의미합니다. 영어의 town과 유사한 의미입니다.

元(もと)カレ · 元(もと)カノ (모또까레 · 모또까노) - 전 남자친구 · 전 여자친구

예전에 사귀었던 남자친구와 여자친구를 가리키는 말이에요. '원래, 이전' 이란 뜻의 元(もと)에 彼氏(かれし)(남자친구)의 줄임말 カレ, 彼女(かのじょ)의 줄임말 カノ를 붙인 것입니다. 우리말로는 '전 남친, 전 여친' 과 비슷한 어감입니다. 2003년 TBS계열에서 방영된 도모토 츠요시, 히로스에 료코, 우치야마 리나가 출연한 「元(もと)カレ」라는 제목의 일본 드라마도 있습니다.

## な형용사(형용동사)의 여러 가지 활용

이번에는 な형용사에 대해 알아봅시다. 앞에서 명사 앞에 올 때 '～な+명사'의 형태가 되는 것을 な형용사라고 했지요? 끝부분이 い로 끝나는 い형용사와는 달리 な형용사는 특별한 형태가 없어서 구별이 어렵습니다. 원형은 きれいだ처럼 끝부분이 だ로 끝나지만 사전에서는 きれい처럼 だ를 제외한 앞부분만 사용하거든요.

### ★ な형용사 + です

な형용사를 정중하게 표현하려면 어미 ～だ를 없애고 です를 붙이면 됩니다.

예) きれいだ + です → きれいです
　　예쁘다　　　～ㅂ니다　　　예쁩니다

### ★ な형용사 + 명사

な형용사 뒤에 명사를 붙여 꾸며줄 때는 어미 ～だ를 な로 바꾸고 명사를 붙이면 됩니다.

**だ → な**

예) きれいだ + ひと → きれいな ひと
　　예쁘다　　사람　　　예쁜 사람

### ★ な형용사 + で (な형용사 나열하기)

い형용사를 여러 개 연결하려면 어미 だ를 없애고 で를 붙입니다.

**だ + で**

예) きれいだ + しんせつだ + ひと → きれいで しんせつな ひと
　　예쁘다　　　친절하다　　사람　　　예쁘고 친절한 사람

### ★ な형용사 + ない (부정)

な형용사에 '～지 않다'는 뜻을 가진 ない를 붙여 부정형을 만드는데 이때 な형용사의 어미 だ를 떼고 じゃ(では)ない를 붙입니다. 좀 더 정중하게 말하려면 ～じゃ(では)ないです나 ～じゃ(では)ありません이라고 하면 됩니다. 앞에서 배웠듯이 ～ではありません보다 ～じゃないです가 좀 더 구어체입니다.

**だ → じゃない**

예) きれいだ + じゃない → きれいじゃ ない
　　예쁘다　　～지 않다　　　예쁘지 않다

　　きれいだ + じゃ ないです(では ありません) → きれいじゃ ないです(では ありません)
　　예쁘다　　～지 않다　　　　　　　　　　　　　예쁘지 않습니다

# Day 08

## 응용 회화

女1: 木村さんは どんな 人ですか。
키무라상와 돈나 히또데스까

女2: ハンサムで おしゃれな 人ですよ。
한사무데 오샤레나 히또데스요

女1: へえ、そうですか。
헤— 소—데스까

男: ええ、とても すてきな 人です。
에— 토떼모 스떼끼나 히또데스

でも、あんまり まじめじゃ ないです。
데모 암마리 마지메쟈 나이데스

女1 : 키무라 씨는 어떤 사람이에요?
女2 : 잘 생기고 옷을 잘 입는 사람이에요.
女1 : 오, 그래요?
男 : 네, 정말 멋진 사람이에요.
　　 하지만 그다지 성실하지는 않아요.

## 새로운 단어

ハンサムだ 핸섬하다(handsome)
おしゃれだ (모양, 분위기가) 멋을 내다, 세련되다
へえ 감탄·놀람 또는 어이없음을 나타내는 소리
素敵(すてき)だ 매우 멋지다, 근사하다
あんまり 그다지, 별로
真面目(まじめ)だ 성실하다, 진지하다

- **どんな 어떤**

どんな는 '어떤'이란 뜻으로 사람이나 사물의 성격이나 특징을 물을 때 사용합니다.

예) ロシアは どんな 国(くに)ですか。 러시아는 어떤 나라예요?

- **そうですか 그렇습니까?(그래요?)**

そうですか는 상대방의 말에 맞장구 칠 때 쓰는 말입니다. 상대방의 말을 듣고 놀랐을 때, 상대방의 말을 납득했을 때, 상대방의 말에 관심이 없을 때, 상대방과 생각이 다를 때 등, 여러 가지 상황에서 쓸 수 있어 유용합니다.

❖ **자주 쓰는 な형용사**

| きれいだ | 예쁘다, 깨끗하다 | 簡単(かんたん)だ | 간단하다, 쉽다 |
|---|---|---|---|
| 親切(しんせつ)だ | 친절하다 | 大切(たいせつ)だ | 중요하다 |
| 静(しず)かだ | 조용하다 | 大丈夫(だいじょうぶ)だ | 괜찮다 |
| 有名(ゆうめい)だ | 유명하다 | 変(へん)だ | 이상하다 |
| 元気(げんき)だ | 건강하다 | 便利(べんり)だ | 편리하다 |
| まじめだ | 성실하다 | 暇(ひま)だ | 한가하다 |

- **일본어로 외모를 칭찬하기!**

일본어로 여성의 외모를 칭찬할 때, 美(うつく)しいですね(아름다우시네요)나 美人(びじん)ですね(미인이시네요)라는 표현은 잘 사용하지 않습니다. 너무 직설적인 표현은 비꼬는 말로 들릴 수도 있거든요. 대신 きれいですね(예쁘세요)를 많이 씁니다. 그리고 일본 여성들은 나이에 상관없이 かわいいですね(귀여우시네요)라는 말을 듣고 싶어합니다.

마찬가지로 남성의 외모를 칭찬할 때는 ハンサムですね(잘생기셨네요) 보다는 格好(かっこう)いいですね(멋있으세요)라고 하는 것을 좋아합니다. ハンサム라고 하면 단지 얼굴이 잘생겼다는 느낌이 들지만 格好(かっこう)いい라고 하면 전체적인 스타일이나 분위기도 멋지다는 느낌이 드니까요.

# Day 08

❖ 사람의 외모나 성격을 나타내는 말

| ハンサムだ | 핸섬하다 | 元気(げんき)だ | 활기 넘치다 |
|---|---|---|---|
| おしゃれだ | (모양, 분위기가) 멋을 내다, 세련되다 | まじめだ | 성실하다, 진지하다 |
| すてきだ | 매우 멋지다, 근사하다 | 素直(すなお)だ | 솔직하다, 순진하다 |
| 格好(かっこう)いい | 멋지다 | 親切(しんせつ)だ | 친절하다 |
| 美(うつく)しい | 아름답다 | 優(やさ)しい | 상냥하다 |
| きれいだ | 예쁘다, 깨끗하다 | 静(しず)かだ | 조용하다 |
| かわいい | 귀엽다 | 頑固(がんこ)だ | 완고하다, 고집이 세다 |
| 背(せ)が高(たか)い | 키가 크다 | 厳(きび)しい | 엄격하다 |
| 背(せ)が低(ひく)い | 키가 작다 | 変(へん)だ | 이상하다 |
| 明(あか)るい | 밝다, 명랑하다 | わがままだ | 제멋대로다 |

**日本(にほん)の タクシー 일본의 택시**

일본의 택시는 도쿄의 경우 기본요금이 710엔으로 우리나라와 비교해서 상당히 비싼 편입니다. 2km까지는 기본요금이며 이후 288m 마다 90엔씩 가산됩니다. 15분 정도 타면 2000엔은 거뜬히 넘는 셈이죠. 택시문은 자동문이므로 타고 내릴 때 승객이 열고 닫으면 안됩니다. 무리하게 닫으면 고장 날 위험이 있으니 주의합시다.

## 평가 테스트

**빈칸에 알맞은 말을 넣으세요.**

1. 彼女は _____ 人です。  그녀는 예쁜 사람이에요.

2. 彼は _____。  그는 성실하지 않습니다.

3. あそこは とても _____ レストランです。  저곳은 굉장히 유명한 레스토랑이에요.

**다음 문장을 해석하세요.**

4. ハンサムで すてきな 人です。
   _____ .

5. 大川さんは 親切ですね。
   _____ .

**다음 문장을 일본어로 만드세요.**

6. 키무라 씨는 어떤 사람이에요?
   _____ 。

7. 저는 몸이 튼튼합니다.
   _____ 。

---

정답
| | | |
|---|---|---|
| 1. きれいな | 2. まじめでは ありません(じゃ ないです) | 3. 有名(ゆうめい)な |
| 4. 잘 생기고 멋진 사람입니다 | 5. 오오카와 씨는 친절하네요 | 6. 木村(きむら)さんは どんな 人(ひと)ですか |
| 7. わたしは 体(からだ)が 丈夫(じょうぶ)です | | |

# 부엌 [台所・キッチン]

밥그릇
▶ ちゃわん [茶碗]
챠왕

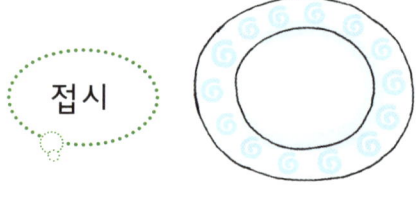
접시
▶ さら [皿]
사라

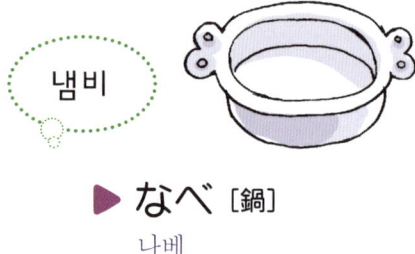
냄비
▶ なべ [鍋]
나베

주전자
▶ やかん [薬缶]
야깡

프라이팬
▶ フライパン [frying pan]
후라이 빵

토스터기
▶ トースター [toaster]
토ー스따ー

가스레인지
▶ ガスレンジ [gas range]
가스렌지

# 그림 단어

도마
▶ まないた [まな板]
마나이따

부엌칼
▶ ほうちょう [包丁]
호-쬬-

세제
▶ せんざい [洗剤]
센자이

국자
▶ おたま
오따마

수도꼭지
▶ じゃぐち [蛇口]
쟈구찌

개수대
▶ ながしだい [流し台]
나가시다이

냉장고
▶ れいぞうこ [冷蔵庫]
레-조-꼬

# Day 09
## 友だちと カラオケに 行きます。

**기본 표현** 동사Ⅰ- 1그룹(5단) 동사와 친해지기

ざっしを 読みます。　잡지를 읽습니다.
잣시오 요미마스

タイ料理を 作ります。　태국 요리를 만듭니다.
타이 료-리오 츠꾸리마스

友だちと カラオケに 行きます。　친구랑 노래방에 갑니다.
토모다찌또 카라오께니 이끼마스

メールを 書きますか。　메일을 씁니까?
메-루오 카끼마스까

プレゼントを 買いますか。　선물을 삽니까?
프레젠또오 카이마스까

プールで 泳ぎません。　수영장에서 헤엄치지 않습니다.
푸-루데 오요기마셍

きょうは うちに 帰りません。　오늘은 집에 돌아가지 않아요.
쿄-와 우찌니 카에리마셍

雑誌(ざっし) 잡지
読(よ)む 읽다
~ます ~합니다
タイ 타이(Thailand), 태국
~と ~와(과)
カラオケ 가라오케(空+orchestra), 노래방
行(い)く 가다
メール 메일(mail), 편지
書(か)く 쓰다

~ますか ~합니까
プレゼント 선물(present)
買(か)う 사다
プール 수영장(pool)
~で ~에서
泳(およ)ぐ 헤엄치다
~ません ~하지 않습니다
帰(かえ)る 돌아가다(오다)

# Day 09

## 해설

### ●～と ~와(과)

～と는 '~와(과)'라는 뜻으로 함께 행동하는 상대방을 나타낼 때 사용합니다. 또한 대등한 관계에 있는 것을 모두 늘어놓거나 비교하는 데 쓰는 조사입니다.

예) 彼女(かのじょ)と 海(うみ)へ 行(い)きます。 여자친구와 바다에 갑니다.
　　車(くるま)と バイクが あります。 차와 오토바이가 있습니다.

### ●～で ~에서

で는 동작이 행해지는 장소(~에서)와 도구·수단(~으로)등을 나타낼 때 씁니다.

예) 学校(がっこう)で 本(ほん)を 読(よ)みます。 학교에서 책을 읽습니다. [장소]
　　車(くるま)で 行(い)きます。 차로 갑니다. [도구]

## 1그룹 동사 (5단동사)

### ★ 1그룹 동사란?

일본어 동사의 어미 활용 변화에 따라 3가지 그룹으로 나눌 수 있는데 이 중 1그룹 동사는 あ단, い단, う단, え단, お단의 5개 단 모두 활용되므로 5단동사라고도 합니다. 활용형태가 가장 복잡하지만 규칙에 따라 활용되는 그룹입니다.

❶ 동사의 어미가 う・く・ぐ・す・つ・ぬ・ぶ・む로 끝나는 동사

예) 会(あ)う 만나다　　待(ま)つ 기다리다
　　行(い)く 가다　　　死(し)ぬ 죽다
　　泳(およ)ぐ 헤엄치다　遊(あそ)ぶ 놀다
　　話(はな)す 이야기하다　読(よ)む 읽다

❷ 동사의 어미가 る로 끝나는 동사 중, る앞의 모음이 あ단, う단, お단인 동사

예) ある 있다
　　作(つく)る 만들다
　　乗(の)る 타다

# Day 09

## ★ 1그룹 동사 + ます형 활용하기

1그룹 동사에 ます를 연결시킬 때 동사의 마지막 음인 う단의 글자를 い단의 글자로 바꿔줍니다. 예를 들면 読む의 む를 み로 바꿔 読みます로 만들고, 이때 바뀐 読み 부분을 '동사의 ます' 형이라고 합니다.

❖ **동사+ます** ~합니다 / **동사+ますか** ~합니까 / **동사+ません** ~하지 않습니다

| 기본형 | 동사+ます | 동사+ますか | 동사+ません |
|---|---|---|---|
| 会う 만나다 | 会います 만납니다 | 会いますか | 会いません |
| 行く 가다 | 行きます 갑니다 | 行きますか | 行きません |
| 泳ぐ 헤엄치다 | 泳ぎます 헤엄칩니다 | 泳ぎますか | 泳ぎません |
| 話す 이야기하다 | 話します 이야기합니다 | 話しますか | 話しません |
| 待つ 기다리다 | 待ちます 기다립니다 | 待ちますか | 待ちません |
| 死ぬ 죽다 | 死にます 죽습니다 | 死にますか | 死にません |
| 遊ぶ 놀다 | 遊びます 놉니다 | 遊びますか | 遊びません |
| 読む 읽다 | 読みます 읽습니다 | 読みますか | 読みません |
| ある 있다 | あります 있습니다 | ありますか | ありません |
| 作る 만들다 | 作ります 만듭니다 | 作りますか | 作りません |
| 乗る 타다 | 乗ります 탑니다 | 乗りますか | 乗りません |

일본어 동사를 정중한 표현으로 만들기 위해서는 「〜ます」가 필요합니다. 동사+ 〜ます는 '~합니다'라는 뜻으로 현재를 나타내기도 하지만 '~하겠습니다' 라는 뜻으로 미래를 나타내기도 합니다. 동사+ 〜ますか는 '~합니까' 라는 뜻의 의문형입니다. 동사의 ます형에 ません을 붙이면 '~하지 않습니다' 라는 뜻의 부정형이 됩니다.

## 응용 회화

男: あしたは 会社を 休みます。
아시따와 카이샤오 야스미마스

女: えっ、どこかに 行くんですか。
엣 도꼬까니 이꾼데스까

男: ええ、家族と いっしょに 海へ 行きます。
에– 카조꾸또 잇쇼니 우미에 이끼마스

女: そうですか。夏の 海は いいですね。
소–데스까 나쯔노 우미와 이–데스네

男: ええ、あしたが 楽しみです。
에– 아시따가 타노시미데스

男 : 내일은 회사를 쉬어요.
女 : 어, 어디 가시나요?
男 : 네, 가족과 함께 바다에 갑니다.
女 : 그러세요? 여름 바다는 좋지요.
男 : 네, 내일이 기대 되요.

### 새로운 단어

明日(あした) 내일
休(やす)む 쉬다
えっ 어, 놀라거나 의아해할 때 내는 소리
どこか 어딘가, 어딘지
家族(かぞく) 가족
一緒(いっしょ)に 함께, 같이

海(うみ) 바다
～へ ～에, ～(으)로
夏(なつ) 여름
いい 좋다
楽(たの)しみ 즐거움, 낙

- **～んですか ~입니까?**

  상대에게 보고 들은 상황에 대해 좀 더 자세한 설명을 바라는 어감의 표현입니다. 문장에서 사용하는 딱딱한 문체인 ～のですか를 일상 대화에서 사용할 때는 발음하기 쉽게 ～んですか라고 바뀌지요. 동사나 い형용사의 경우는 기본형에 바로 연결하며, な형용사의 경우 끝소리 だ를 な로 바꾸고 ～んですか를, 명사의 경우 な를 붙이고 ～んですか를 연결하면 됩니다.

  예)
  | 行く | → | 行くんですか。 | 가나요? |
  | いい | → | いいんですか。 | 괜찮은가요? |
  | きれいだ | → | きれいなんですか。 | 예쁜가요? |
  | 雨 | → | 雨なんですか。 | 비가 오나요? |

- **～と 一緒(いっしょ)に ~와(과) 함께(같이)**

  사람을 나타내는 명사 뒤에 ～といっしょに를 붙이면 '～와(과) 함께, ～와(과) 같이'라는 뜻이 됩니다.

  예) 妹と いっしょに 日本へ 行きます。 여동생과 함께 일본에 갑니다.
  友だちと いっしょに あそびます。 친구와 함께 놉니다.

- **～へ ~에(로)**

  조사 へ는 '～에(로)'라는 뜻으로 장소를 나타낼 때 씁니다. 조사 に도 '～에'라는 뜻으로 へ처럼 장소를 나타내지만 に의 경우엔 '도착하는 장소'를, へ의 경우엔 '이동하는 방향'을 강조하는 의미가 강합니다. 일반적으로 '이동하는 방향'은 '도착하는 장소'와 일치하는 경우가 많으므로 へ와 に는 서로 바꾸어 쓸 수 있는 경우가 많아요. 하지만 に의 경우 장소 뿐 아니라 시간을 나타낼 때도 쓰이지만 へ는 장소를 나타낼 때만 쓰입니다. へ가 조사로 쓰일 때는 '에'라고 발음하는 것에 주의합시다!

- **楽(たの)しみ**는 '즐거움, 낙, 재미'라는 뜻으로 楽(たの)しみです라고 하면 '즐거울 것 같다'는 기대가 포함되어 있습니다.

## 평가 테스트

### 빈칸에 알맞은 말을 넣으세요.

1. あした 海へ _____。  내일 바다에 갑니다.

2. ざっしを _____。  잡지를 읽습니다.

3. きょうは 会社を _____。  오늘은 회사를 쉬지 않습니다.

### 다음 문장을 해석하세요.

4. プールで 泳ぎます。
   _____.

5. うちに 帰ります。
   _____.

### 다음 문장을 일본어로 만드세요.

6. 아이와 함께 놉니다. (아이 子ども, 놀다 あそぶ)
   _____。

7. 커피를 마시지 않습니다. (커피 コーヒー, 마시다 飲む)
   _____。

---

1. 行(い)きます   2. 読(よ)みます   3. 休(やす)みません
4. 수영장에서 헤엄칩니다   5. 집에 돌아갑니다   6. 子(こ)どもと いっしょに あそびます
7. コーヒーを 飲(の)みません

## 옷 [服]

▶ シャツ [shirt] 셔츠
샤쯔

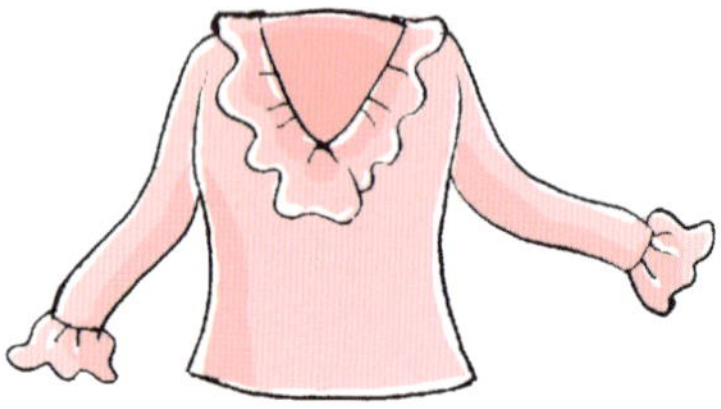

▶ ブラウス [blouse] 블라우스
부라우스

▶ ジャケット [jacket] 자켓
쟈켓또

▶ スカート [skirt] 치마
스까-또

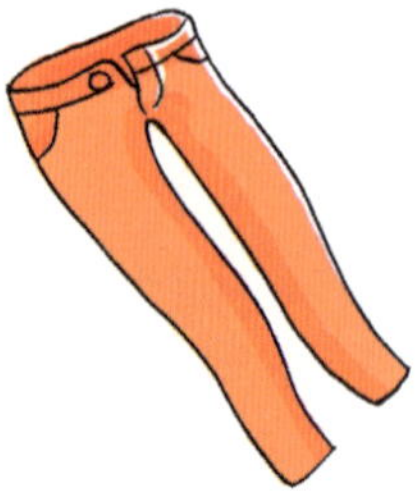

▶ ズボン [(프) jupon] 바지
즈봉

▶ はんズボン [半ズボン] 반바지
한즈봉

그림 단어

▶ マフラー [muffler]　목도리
마후라-

▶ ネクタイ [blouse]　넥타이
네꾸따이

▶ くつ [靴]　구두
쿠쯔

▶ くつした [靴下]　양말
쿠쯔시따

▶ ハンカチ [handkerchief]　손수건
항까찌

▶ てぶくろ [手袋]　장갑
테부꾸로

# Day 10
## 昼ごはんを 食べますか。

**기본 표현**    동사Ⅱ - 2그룹(1단)동사와 친해지기

ドイツ語を 教えます。    독일어를 가르칩니다.
도이쯔고오 오시에마스

ここで バスを 降ります。    여기에서 버스를 내립니다.
코꼬데 바스오 오리마스

父に 電話を かけます。    아버지께 전화를 겁니다.
치찌니 뎅와오 카께마스

昼ごはんを 食べますか。    점심을 먹습니까?
히루고항오 타베마스까

カーテンを 閉めますか。    커튼을 닫을까요?
카-뗑오 시메마스까

まどは 開けません。    창문은 열지 않습니다.
마도와 아께마셍

わたしは ソファーで ねません。    저는 소파에서 자지 않아요.
와따시와 소화-데 네마셍

ドイツ語(ご) 독일어(네 Duitch)
教(おし)える 가르치다
バス 버스(bus)
降(お)りる 내리다
電話(でんわ) 전화
掛(か)ける 걸다
昼(ひる)ごはん 점심 식사

食(た)べる 먹다
カーテン 커튼(curtain)
閉(し)める 닫다
窓(まど) 창문
開(あ)ける 열다
ソファー 소파(sofa)
寝(ね)る 자다

해설

- ここで バスを 降(お)ります。

  교통수단을 타고 내리는 표현을 배워봅시다. '~을 타다'는 ~に 乗(の)る, '~에서 내리다'는 ~を 降(お)りる라고 합니다. 특히 동사 앞에 붙는 조사에 주의해야 합니다.

  | 타다 | ~に 乗る | ソウル駅で ちかてつに のります。 서울역에서 지하철을 탑니다. |
  |---|---|---|
  | 내리다 | ~を 降りる | 学校の 前で バスを おります。 학교 앞에서 버스를 내립니다. |

- 父(ちち)に 電話(でんわ)を かけます。

  '전화를 걸다'는 電話(でんわ)を かける라고 합니다. 우리말과 마찬가지로 '전화를 하다'라는 표현으로도 쓸 수 있는데 電話(でんわ)を する라고 합니다.

❖ 식사

| 朝ごはん 아침밥 | 昼ごはん 점심밥 | 晩ごはん 저녁밥 |
|---|---|---|
| 朝食 조식 | 昼食 중식 | 夕食 석식 |

**はまる**(하마루) - 푹 빠지다

はまる는 무언가에 '푹 빠지다, 몰두하다'라는 의미를 가지고 있어요. 다른 표현으로 マイブーム(my boom)라고도 할 수 있는데 내가 빠져있는 것을 말할 때 쓰는 표현이에요. 예를 들어 日本(にほん)ドラマに はまってる(일본드라마에 빠져있어)라고 하면 일본드라마를 좋아해서 자주 본다는 뜻이지요.

# Day 10

 **2그룹 동사 (상·하 1단동사)**

## ★ 2그룹 동사란?

일본어 동사의 두 번째 그룹인 2그룹 동사에 대해 알아봅시다. 2그룹 동사란 어미가 る로 끝나는 동사들 중 る앞의 어간(활용을 할 때 변하지 않는 부분)이 い단, 또는 え단인 동사를 말합니다. 상1단동사와 하1단동사라고도 부르는데 見(み)る와 같이 る앞의 어간이 い단인 경우를 상1단동사, 寝(ね)る와 같이 る앞의 어간이 え단인 경우를 하1단동사라고 나누기 때문이지요.

> 예  상1단동사 – 起きる 일어나다 / 借りる 빌리다 / 見る 보다
> 　　하1단동사 – 食べる 먹다 / 寝る 자다 / 開ける 열다

## ★ 2그룹 동사+ます형 활용하기

2그룹 동사에 ます를 연결시킬 때 동사의 마지막 음인 る를 떼고 ます를 붙여주면 됩니다. 1그룹 동사에 비해 쉽죠? 그럼 여러 가지 활용형을 알아봅시다.

❖ **동사+ます** ~합니다 / **동사+ますか** ~합니까 / **동사+ません** ~하지 않습니다

| 기본형 | 동사+ます | 동사+ますか | 동사+ません |
|---|---|---|---|
| 起きる 일어나다 | 起きます 일어납니다 | 起きますか | 起きません |
| 借りる 빌리다 | 借ります 빌립니다 | 借りますか | 借りません |
| 見る 보다 | 見ます 봅니다 | 見ますか | 見ません |
| 食べる 먹다 | 食べます 먹습니다 | 食べますか | 食べません |
| 寝る 자다 | 寝ます 잡니다 | 寝ますか | 寝ません |
| 開ける 열다 | 開けます 엽니다 | 開けますか | 開けません |

# Day 10

## 응용 회화

男: バイトの あと、すぐに 帰るんですか。
　　바이또노 아또　　스구니 카에룬데스까

女: いえ、DVDを 借りに 行きます。
　　이에　디-부이디-오 카리니 이끼마스

男: いえで よく DVDを 見ますか。
　　이에데 요꾸 디-부이디-오 미마스까

女: ええ、さいきんは よく 見ますね。
　　에-　사이낑와 요꾸 미마스네

男: 아르바이트 후에 곧바로 집에 돌아가요?
女: 아뇨, DVD를 빌리러 갈 거예요.
男: 집에서 자주 DVD를 봐요?
女: 네, 요즘엔 자주 봐요.

새로운 단어

バイト (アルバイト의 준말) 아르바이트(독 albeit)　　借(か)りる 빌리다
後(あと) 후, 뒤　　　　　　　　　　　　　　　　　よく 잘
すぐに 곧, 즉시　　　　　　　　　　　　　　　　　見(み)る 보다
DVD(ディーブイディー) DVD, 디지털 비디오 디스크　最近(さいきん) 요즘, 최근

## 해설

● 동작의 목적을 나타내는 「～に(~하러)」

　명사 + に 行(い)く / 来(く)る (~하러 가다 / 오다)
　　예) レストランへ 食事に 行きます。 레스토랑에 식사하러 갑니다.

　동사(ます형) + に 行(い)く / 来(く)る (~하러 가다 / 오다)
　　예) 本を 買いに 来ます。 책을 사러 옵니다.

❖ 빈도를 나타내는 부사

| 언제나 | 잘, 자주 | 때때로 | 가끔 | 거의 | 전혀 |
|--------|---------|--------|------|------|------|
| いつも | よく | 時々(ときどき) | たまに | ほとんど | 全然(ぜんぜん) |

Part 2 일본어 첫걸음 ● 121

# 스포츠 [スポーツ]

▶ やきゅう [野球]
야뀨-

▶ サッカー [soccer]
삭까-

▶ バスケットボール [basketball]
바스켓또보-루

▶ テニス [tennis]
테니스

▶ バレーボール [volleyball]
바레-보-루

▶ ゴルフ [golf]
고루후

그림 단어

▶ ボーリング [bowling]
보-링구

▶ スキー [ski]
스끼-

▶ ボクシング [boxing]
복싱구

▶ すいえい [水泳]
스이에-

▶ つり [釣り]
츠리

▶ すもう [相撲]
스모-

# 평가 테스트

🐟 빈칸에 알맞은 말을 넣으세요.

1. ドアを _____。 문을 열까요?

2. 朝(あさ)ごはんを _____。 아침밥을 먹습니다.

3. 夜(よる) はやく _____。 밤에 일찍 자지 않아요.

🐟 다음 문장을 해석하세요.

4. 韓国語(かんこくご)を 教(おし)えます。

   _____ .

5. 会社(かいしゃ)の 前(まえ)で バスを おりますか。

   _____ ?

🐟 다음 문장을 일본어로 만드세요.

6. 자주 텔레비전을 봅니다. (텔레비전 テレビ)

   _____ 。

7. 가족에게 전화를 겁니다.

   _____ 。

---

1. 開(あ)けますか　　　　2. 食(た)べます　　　　3. ねません
4. 한국어를 가르칩니다　 5. 회사 앞에서 버스를 내립니까?　 6. よく テレビを 見(み)ます
7. 家族(かぞく)に 電話(でんわ)を かけます

# Day 11
## 犬と さんぽを します。

**기본 표현**  동사Ⅲ – 3그룹(불규칙) 동사와 친해지기

日本から おとうとが 来ます。  일본에서 남동생이 옵니다.
니홍까라 오또-또가 키마스

犬と さんぽを します。  개와 산책을 합니다.
이누또 삼뽀오 시마스

音楽を 聞きながら 運動します。  음악을 들으면서 운동합니다.
옹가꾸오 키끼나가라 운도-시마스

有名な 歌手が 来ますか。  유명한 가수가 오나요?
유-메나 카슈가 키마스까

プサンには 来ません。  부산에는 오지 않습니다.
푸산니와 키마셍

彼氏と けんかを しますか。  남자친구와 싸우세요?
카레시또 켕까오 시마스까

あの 人とは 結婚しません。  그 사람과는 결혼하지 않을 거예요.
아노 히또또와 켁꼰시마셍

**새로운 단어**

~から ~부터
来(く)る 오다
犬(いぬ) 개
散歩(さんぽ) 산책
する 하다
音楽(おんがく) 음악
聞(き)く 듣다 / 묻다

~ながら ~하면서
運動(うんどう) 운동
有名(ゆうめい)だ 유명하다
プサン(釜山) 부산, 한국의 도시
喧嘩(けんか) 싸움
結婚(けっこん) 결혼

## 해설

- 日本(にほん)から おとうとが 来(き)ます。
  犬(いぬ)と さんぽを します。

  우리말의 명사 뒤에 붙는 "~은, ~도, ~이, ~를, ~에서, ~까지..." 따위를 조사(助詞)라고 하는데 일어도 거의 비슷한 역할을 하는 조사가 있는데 우리말 조사와는 미묘하게 차이가 있습니다.

  - **から** : 장소나 시간의 출발점 '~에서부터', '부터'(from)을 나타냅니다.
  - **と** : '~와', '~와 함께' 라는 뜻이 있습니다. 영어로 말하면 and와 with입니다.

- **~ながら ~하면서**

  동사 ます형에 ~ながら를 붙이면 '~하면서'라는 뜻으로 동시에 동작이 일어나고 있음을 나타냅니다.

  예) テレビを 見(み)ながら ごはんを 食(た)べます。 텔레비전을 보면서 밥을 먹습니다.
  コーヒーを 飲(の)みながら 仕事(しごと)を します。 커피를 마시면서 일을 합니다.

- 運動(うんどう)を する(운동을 하다)의 を(을/를)를 생략하고 する 앞에 바로 명사를 붙여 運動(うんどう)する(운동하다)처럼 새로운 동사를 만들 수 있습니다.

  예) 勉強(べんきょう)する 공부하다　　約束(やくそく)する 약속하다
  電話(でんわ)する 전화하다　　注文(ちゅうもん)する 주문하다

# Day 11

 **3그룹 동사 (불규칙 동사)**

## ★ 3그룹 동사란?

일본어 동사의 세 번째 그룹인 3그룹 동사는 불규칙적으로 활용하므로 전부 외울 수밖에 없습니다. 하지만 일본어에 불규칙 동사는 来(く)る(오다)와 する(하다) 2개밖에 없으니 안심하세요.

예
- 来る 오다
- する 하다

## ★ 3그룹 동사+ます형 활용하기

3그룹 동사는 규칙 없이 활용하므로 무조건 외워야합니다.

❖ **동사+ます** ~합니다 / **동사+ますか** ~합니까 / **동사+ません** ~하지 않습니다

| 기본형 | 동사+ます | 동사+ますか | 동사+ません |
|---|---|---|---|
| 来(く)る 오다 | 来(き)ます 옵니다 | 来(き)ますか | 来(き)ません |
| する 하다 | します 합니다 | しますか | しません |

 **ドタキャン**(도따꺙) - 갑자기 약속을 펑크냄

일본 젊은 사람들이 자주 쓰는 말인 ドタキャン! 무슨 뜻일까요? 土壇場(どたんば)(중요한 상황)와 キャンセル(cancel)(취소)를 합친 말로 일방적으로 약속시간 직전에 약속을 갑자기 취소하거나 아무런 연락 없이 펑크 내는 것을 말합니다. 보통 ドタキャンする(바람맞히다)나 수동형으로 ドタキャンされる(바람맞다)라고 써요.

## 응용 회화

A: 石川さんは 週末に 何を しますか。
이시까와상와 슈-마쯔니 나니오 시마스까

B: へやで チャットや ブログ などを します。
헤야데 챳또야 부로구 나도오 시마스

A: そうですか。いいですね。
소-데스까  이-데스네

B: 工藤さんは 何を しますか。
쿠도-상와 나니오 시마스까

A: ぼくは いつも 友だちと お酒を 飲みます。
보꾸와 이쯔모 토모다찌또 오사께오 노미마스

A : 이시카와 씨는 주말에 뭐하세요?
B : 방에서 채팅이나 블로그 등을 합니다.
A : 그래요? 좋네요.
B : 쿠도 씨는 뭐하세요?
A : 전 항상 친구랑 술을 마십니다.

石川(いしかわ) 이시카와, 일본인의 성
週末(しゅうまつ) 주말
部屋(へや) 방
チャット 채팅(chat)
~や ~나, ~랑
ブログ 블로그(blog)

など 등, 따위
工藤(くどう) 쿠도, 일본인의 성
いつも 언제나
お酒(さけ) 술
飲(の)む 마시다

## 해설

● ~や ~나, ~랑

사물을 열거할 때 쓰는 표현으로 など(~등)와 함께 쓰는 경우가 많으며 같은 종류의 것이 좀 더 있다는 뉘앙스입니다.

예 新聞や 雑誌を 読みます。 신문이나 잡지를 읽습니다.
将棋や 花札や パチンコなどを します。 장기나 화투나 파칭코 등을 합니다.

## 평가 테스트

**다음 문장을 해석하세요.**

1. 日本から 兄が 来ます。

   ---------------------------------------- .

2. チャットや ブログを します。

   ---------------------------------------- .

3. 有名な 歌手は 来ません。

   ---------------------------------------- .

**다음 대화를 완성하세요.**

4. A : 週末に _____ 。 주말에 뭐하세요?

5. B : いつも 友だちと _____ 。 항상 친구랑 술을 마십니다.

**다음 문장을 일본어로 만드세요.**

6. 여자 친구와 데이트를 합니다. (데이트 デート)

   ---------------------------------------- 。

7. 오늘도 일을 합니까? (일 仕事)

   ---------------------------------------- 。

8. 음악을 들으면서 공부합니다. (공부 勉強)

   ---------------------------------------- 。

| | | |
|---|---|---|
| 1. 일본에서 형이 옵니다 | 2. 채팅이나 블로그를 합니다 | 3. 유명한 가수는 오지 않습니다 |
| 4. 何(なに)を しますか | 5. お酒(さけ)を 飲(の)みます | 6. 彼女(かのじょ)と デートを します |
| 7. きょうも 仕事(しごと)を しますか | | 8. 音楽(おんがく)を 聞(き)きながら 勉強(べんきょう)します |

# 일상 생활 1 [日常の 生活 1]

▶ おきる [起きる]
오끼루

▶ ねる [寝る]
네루

▶ かおを あらう [顔を 洗う]
카오오 아라우

▶ はを みがく [歯を 磨く]
하오 미가꾸

▶ ひげを そる [ひげを 剃る]
히게오 소루

▶ シャワーを あびる [シャワーを 浴びる]
샤와―오 아비루

## 그림 단어

▶ ごはんを たべる [ご飯を 食べる]
고항오 다베루

▶ ふくを きる [服を 着る]
후꾸오 키루

▶ けしょうする [化粧する]
케쇼-스루

▶ しゅっきんする [出勤する]
슉낀스루

▶ がっこうに いく [学校に 行く]
각꼬-니 이꾸

▶ うんどうする [運動する]
운도-스루

# Day 12

## きのうは 雨が 降りました。

**기본 표현** 동사의 과거형과 친해지기

フランスを 旅行しました。
후랑스오 료꼬－시마시따
프랑스를 여행했습니다.

子どもたちと 外で あそびました。
코도모따찌또 소또데 아소비마시따
아이들과 밖에서 놀았습니다.

きのうは 雨が 降りました。
키노－와 아메가 후리마시따
어제는 비가 왔습니다.

ひめは 王子と 結婚しました。
히메와 오－지또 켓꽁시마시따
공주는 왕자와 결혼했습니다.

むかし、ある国に やさしくて 美しい
少女が いました。
무까시 아루쿠니니 야사시꾸떼 우쯔꾸시－ 쇼－죠가 이마시따
옛날 어느 나라에 착하고 아름다운 소녀가 있었습니다.

おとといは 出かけませんでした。   그저께는 외출하지 않았습니다.
오또또이와 데까께마센데시따

伊藤さんは 授業に 来ませんでした。   이토 씨는 수업에 오지 않았어요.
이또－상와 쥬교－니 키마센데시따

# Day 12

フランス 프랑스
旅行(りょこう) 여행
〜ました 〜했습니다
子(こ)ども 아이
〜たち 〜들(복수)
外(そと) 바깥
昨日(きのう) 어제
雨(あめ) 비
降(ふ)る (비, 눈)내리다
姫(ひめ) 공주

王子(おうじ) 왕자
ある国(くに) 어느 나라
優(やさ)しい 상냥하다, 착하다
少女(しょうじょ) 소녀
一昨日(おととい) 그저께
出(で)かける 외출하다
〜ませんでした 〜하지 않았습니다
伊藤(いとう) 이토, 일본인의 성
授業(じゅぎょう) 수업

## 해설

- **子(こ)どもたちと 外(そと)で あそびました。**
  여기에서 と는 '〜와 함께'이고 で는 '〜에서' 입니다.

- **降(ふ)る와 降(お)りる**
  같은 한자를 쓰는 降(ふ)る와 降(お)りる는 둘 다 우리말로 '내리다' 라는 뜻을 갖고 있습니다. 하지만 의미가 다르니 주의합시다.

  - **降(ふ)る** : (비 · 눈 등이) 내리다, 오다, 떨어지다
    예 雨が 降る。 비가 내리다.
  - **降(お)りる** : (탈것 등에서) 내리다
    예 電車から 降りる。 전철에서 내리다.

❖ 시간을 나타내는 말

| 그저께 | 어제 | 오늘 | 내일 | 모레 |
|---|---|---|---|---|
| おととい | 昨日(きのう) | 今日(きょう) | 明日(あした) | あさって |

- **もう 이미, 벌써, 이제 / まだ 아직**
  예 もう 決めました。 이미 결정했습니다. / まだ 寒いですね。 아직 춥네요.

# Day 12

 **동사의 과거형**

앞에서 동사+ます가 '~합니다(현재)' 또는 '~하겠습니다(미래)'라는 뜻이고 부정형은 동사+ません으로 '~하지 않습니다'라는 뜻이라는 것은 배웠죠? 이번에는 과거형에 대해 배워봅시다.

ます의 과거형은 ました로 동사+ました의 형태로 쓰며 '~했습니다'라는 뜻입니다. 그리고 과거 부정형은 동사+ませんでした인데 '~하지 않았습니다'라는 뜻입니다.

❖ **동사+ました** (~했습니다) / **동사+ませんでした** (~하지 않았습니다)

|  | 현재 / 미래 | 과거 |
|---|---|---|
| 긍정 | 会います 만납니다 / 만나겠습니다 | 会いました 만났습니다 |
| 부정 | 会いません 만나지 않습니다 / 만나지 않겠습니다 | 会いませんでした 만나지 않았습니다 |

**バツイチ**(바쯔이찌) - 한 번 이혼한 사람

일본어에서 'X'는 확실히 영어인 경우를 제외하고 罰(ばつ)(가위표)라고 읽습니다. ばついち란 X(ばつ)가 하나(いち)라는 뜻으로 한 번 이혼한 사람을 말합니다. 이혼을 하면 호적등본의 배우자란에 'X'자가 표시되기 때문에 생겨난 말이며 주로 카타카나로 バツイチ라고 씁니다. 그렇다면 두 번 이혼한 사람은? 둘(に)을 붙여서 バツニ(바쯔니)라고 한답니다.

# Day 12

## 응용 회화

A: かおいろが わるいですね。どうか しましたか。
카오이로가 와루이데스네    도-까 시마시따까

B: きのうは 仕事が 忙しくて ぜんぜん ねませんでした。
키노-와 시고또가 이소가시꾸떼 젠젠 네마센데시따

A: それは たいへんでしたね。
소레와 타이헨데시따네

仕事は もう おわりましたか。
시고또와 모- 오와리마시따까

B: ええ、いまから 帰ります。
에-    이마까라 카에리마스

A: 안색이 안 좋네요. 무슨 일 있었어요?
B: 어제는 일이 바빠서 전혀 자지 않았어요.
A: 그거 힘들었겠네요.
   일은 이제 끝났어요?
B: 네, 지금 집에 갑니다.

**새로운 단어**

顔色(かおいろ) 안색, 표정
どうか 보통이 아닌(좀 부정적인 뉘앙스) 모양. 어떻게
仕事(しごと) 일, 업무
もう 이미, 벌써
終(お)わる 끝나다

～ましたか ～끝났습니까
忙(いそが)しい 바쁘다
全然(ぜんぜん) 전혀, 조금도
大変(たいへん)だ 힘들다, 엄청나다
今(いま) 지금

## 해설

- **どうか しましたか。**
  비정상적인 상황이나 정신이나 건강에 이상이 있는 경우 묻는 표현.

- **きのうは 仕事(しごと)が 忙(いそが)しくて…**
  여기에서 ~くて는 이유를 설명하는 표현으로 '바쁘기 때문에'라고 해석합니다.

# 일상 생활 2 [日常の 生活 2]

▶ でんわを かける [電話を かける]
뎅와오 카께루

▶ そうじする [掃除する]
소-지스루

▶ おんがくを きく [音楽を 聞く]
옹가꾸오 키꾸

▶ うたを うたう [歌を 歌う]
우따오 우따우

▶ てがみを かく [手紙を 書く]
테가미오 카꾸

▶ りょうりを する [料理を する]
료-리오 스루

## 그림 단어

기타를 치다

▶ ギターを ひく [ギターを 弾く]
기따-오 히꾸

담배를 피우다

▶ たばこを すう [煙草を 吸う]
다바꼬오 스우

영화를 보다

▶ えいがを みる [映画を 見る]
에-가오 미루

데이트하다

▶ デートする
데-또스루

길을 묻다

▶ みちを きく [道を 聞く]
미찌오 키꾸

인사하다

▶ あいさつする [挨拶する]
아이사쯔스루

## 평가 테스트

🐟 빈칸에 알맞은 말을 넣으세요.

1. えいがを _____ 。  영화를 봤습니까?

2. 宿題(しゅくだい)は _____ 。  숙제는 끝났어요.

3. 運転(うんてん)は _____ 。  운전은 하지 않았습니다.

🐟 다음 문장을 해석하세요.

4. きょうは 何(なに)も 食(た)べませんでした。
   _____

5. 友(とも)だちが あそびに 来(き)ました。
   _____

🐟 다음 문장을 일본어로 만드세요.

6. 그 블라우스 어디에서 샀어요? (블라우스 ブラウス)
   _____ 。

7. 착하고 아름다운 소녀가 있었습니다.
   _____ 。

8. 선생님에게 질문을 했습니다. (질문 質問(しつもん))
   _____ 。

---

**정답**

1. 見(み)ましたか  2. 終(お)わりました  3. しませんでした
4. 오늘은 아무것도 먹지 않았습니다  5. 친구가 놀러왔습니다  6. その ブラウス どこで 買(か)いましたか
7. やさしくて 美(うつく)しい 少女(しょうじょ)が いました  8. 先生(せんせい)に 質問(しつもん)を しました

 이것이 독학 일본어첫걸음이다!

# Day 13
## ラーメンは いくらですか。

**기본 표현** 숫자와 가격 말하기

電話番号は 何番ですか。 전화번호는 몇 번입니까?
뎅와방고-와 남방데스까

５４７−９０１３です。 547-9013입니다.
고욘나나노 큐-제로이찌산데스

ラーメンは いくらですか。 라면은 얼마입니까?
라-멩와 이꾸라데스까

600円です。 600엔입니다.
롭빠꾸엔데스

この くつは いくらですか。 이 구두는 얼마입니까?
코노 쿠쯔와 이꾸라데스까

4,800円です。 4,800엔입니다.
욘센 합빠꾸엔데스

りんごは 一つ いくらですか。 사과는 한 개에 얼마예요?
링고와 히또쯔 이꾸라데스까

一つ 150円です。 한 개에 150엔입니다.
히또쯔 햐꾸고쥬-엔데스

これを 四つ ください。 이것을 4개 주세요.
코레오 욧쯔 쿠다사이

全部で 12,000ウォンです。 다 합해서 12,000원입니다.
젬부데 이찌만니셴원데스

電話番号(でんわばんごう) 전화번호.
　　　　ごう가 장음인 것에 주의
何番(なんばん) 몇 번
ラーメン 라면
いくらですか 얼마입니까
円(えん) 엔, 일본의 화폐 단위
靴(くつ) 구두

りんご 사과
一(ひと)つ 하나, 한 개
四(よっ)つ 넷, 네 개
~ください ~주세요
全部(ぜんぶ)で 전부 합해서
ウォン 원, 한국의 화폐 단위

● **全部(ぜんぶ)で 전부 다 합해서**

여기서 조사 で는 '~으로, ~에, ~이면' 등의 뜻이며 수량, 가격 등을 나타내는 말과 함께 써서 합계나 한도를 나타냅니다.

예　ぜんぶで いくらですか。 전부 해서 얼마예요?
　　2人(ふたり)で 3万円(さんまんえん) かかります。 2명에 3만 엔 듭니다.

# Day 13

 일본어 숫자 읽기

## ★ 숫자 읽기

| 1<br>一 | 2<br>二 | 3<br>三 | 4<br>四 | 5<br>五 | 6<br>六 | 7<br>七 | 8<br>八 | 9<br>九 | 10<br>十 |
|---|---|---|---|---|---|---|---|---|---|
| いち | に | さん | し<br>よん | ご | ろく | しち<br>なな | はち | きゅう<br>く | じゅう |
| 하나<br>一つ | 둘<br>二つ | 셋<br>三つ | 넷<br>四つ | 다섯<br>五つ | 여섯<br>六つ | 일곱<br>七つ | 여덟<br>八つ | 아홉<br>九つ | 열<br>十 |
| ひとつ | ふたつ | みっつ | よっつ | いつつ | むっつ | ななつ | やっつ | ここのつ | とお |

⇒ 11부터는 じゅういち, じゅうに, じゅうさん…으로 셉니다.

## ★ 백 단위 이상 숫자 읽기

| 100 | 200 | 300 | 400 | 500 | 600 | 700 | 800 | 900 | 몇 백<br>何百 |
|---|---|---|---|---|---|---|---|---|---|
| ひゃく | にひゃく | さんびゃく | よんひゃく | ごひゃく | ろっぴゃく | ななひゃく | はっぴゃく | きゅうひゃく | なんびゃく |
| 1000 | 2000 | 3000 | 4000 | 5000 | 6000 | 7000 | 8000 | 9000 | 몇 천<br>何千 |
| せん | にせん | さんぜん | よんせん | ごせん | ろくせん | ななせん | はっせん | きゅうせん | なんぜん |

⇒ 1万(いちまん)　10万(じゅうまん)　100万(ひゃくまん)　1,000万(せんまん)　1億(いちおく)

## ★ 전화번호 읽기

０１２－３４５－６７８９
ゼロ いち に　の　さん よん ご　の　ろく なな はち きゅう

일본의 전화번호는 한 자리씩 끊어 읽으며 -(하이픈)은 の로 읽습니다. 숫자 '0'은 원래 れい라고 하는데 전화번호로 읽을 때는 보통 ゼロ(zero)라고 읽습니다. 7은 しち지만 いち와 혼동을 피하기 위해 なな라고 읽어야합니다. 4는 よん이라고 읽습니다.

## 응용 회화

A: いらっしゃいませ。
　　이랏샤이마세

B: この かばんは いくらですか。
　　코노 카방와 이꾸라데스까

A: 一万円です。
　　이찌망엔데스

B: 高いですね。もっと 安い ものは ないですか。
　　타카이데스네　　못또 야스이 모노와 나이데스까

A: では、これは どうですか。
　　데와　　코레와 도-데스까
　　これは 5,000円で、あれは 3,500円です。
　　코레와 고셍엔데　　아레와 산젠고햐꾸엔데스

B: じゃ、これを ください。
　　쟈　　코레오 쿠다사이

A: ありがとうございます。5,000円に なります。
　　아리가또-고자이마스　　　　고셍엔니 나리마스

　　A : 어서오세요.
　　B : 이 가방은 얼마에요?
　　A : 10,000엔입니다.
　　B : 비싸네요. 좀 더 싼 것은 없나요?
　　A : 그럼 이건 어떠세요?
　　　　이것은 5,000엔이고 저것은 3,500엔입니다.
　　B : 그럼 이걸 주세요.
　　A : 감사합니다. 5,000엔입니다.

いらっしゃいませ 어서오세요　　　安(やす)い 싸다
いくらですか 얼마입니까?　　　　物(もの) 물건, 것
もっと 더

## 해설

● **いらっしゃいませ。**

일본에서 상점에 들어가면 점원이 「いらっしゃいませ」라고 인사합니다. 손님을 맞을 때 하는 인사말로 '어서 오세요, 잘 오셨어요' 라는 뜻입니다.

● **このかばんはいくらですか。**

우리가 물건을 살 때 꼭 필요한 말 '얼마예요'는 일본어로 いくらですか라고 합니다. いくら는 '얼마' 라는 뜻의 의문사인데 여기에 정중한 말투로 만들기 위해 ですか를 붙인 것이지요. 반말로 할 때는 いくら만을 사용하여 말하면 됩니다.

예) これ、<u>いくらですか</u>。 이거 얼마예요?
     これ、<u>いくら</u>？ 이거 얼마야?

**割勘(わりかん)**(와리깡) - 더치페이, 각자부담

일본에서는 밥값이나 술값, 커피 값 등을 각자 계산하는 경우가 많습니다. 친구사이 뿐만 아니라 심지어는 남녀가 데이트를 할 때도 더치페이를 합니다. 물론 사람에 따라 예외는 있지만 기본적으로 더치페이에 익숙한 문화이기 때문이지요. **割勘(わりかん)**은 '각자 자기 몫을 나누어 계산한다' 는 뜻의 **割(わ)り前(まえ)勘定(かんじょう)**의 줄임말입니다. 반대로 '한턱내다' 는 **おごる**라고 합니다.

# 거리 [町(まち)]

학교

▶ がっこう [学校]
각꼬-

도서관

▶ としょかん [図書館]
토쇼깡

병원

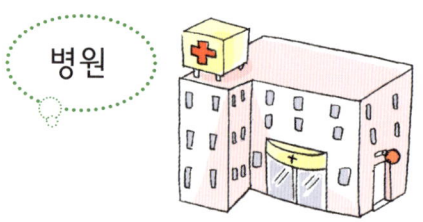

▶ びょういん [病院]
뵤-잉

약국

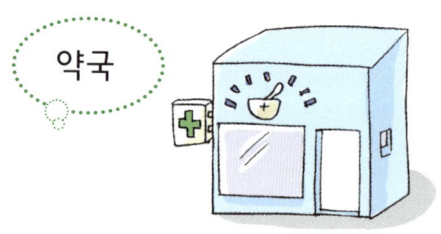

▶ やっきょく [薬局]
약꾜꾸

우체국

▶ ゆうびんきょく [郵便局]
유-빙꾜꾸

파출소

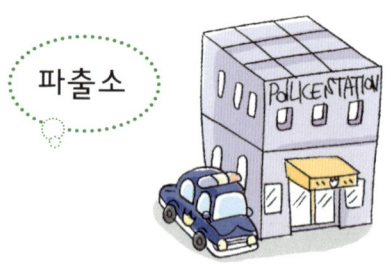

▶ こうばん [交番]
코-방

## 그림 단어

▶ デパート [department store]
데빠―또

▶ えいがかん [映画館]
에―가깡

▶ えき [駅] 역
에끼

▶ こうさてん [交差点]
코―사뗑

▶ おうだんほどう [横断歩道]
오―당호도―

▶ マンション [mansion]
만숑

## 평가 テスト

**다음 전화번호를 일본어로 읽어보세요.**

1. 010-9825-4037　　_____

2. 562-1194　　_____

**다음 가격을 일본어로 읽어보세요.**

3. 2,394円　　_____

4. 15,700円　　_____

5. 9,680円　　_____

**아래 메뉴를 보고 다음 대화를 완성하세요.**

> **ビタミン カフェ**
> ハンバーガ　510円　　ケーキ　330円　　ジュース　240円
> ピザ　640円　　コーヒ　360円　　コーラ　150円
> サラダ　250円　　アイスクリーム　220円

6. A : ハンバーガは _____。
   B : ５１０円(ごひゃくじゅうえん)です。

7. A : アイスクリーム 2つと ジュースを 1つください。
   B : ぜんぶで _____ です。

8. A : ピザと サラダと コーラを ください。
   B : ぜんぶで _____ です。

1. ゼロいちゼロ の きゅうはちにご の よんゼロさんなな　　2. ごろくに の いちいちきゅうよん
3. にせんさんびゃくきゅうじゅうよんえん　　4. いちまんごせんななひゃくえん　　5. きゅうせんろっぴゃくはちじゅうえん
6. いくらですか　　7. 680円(ろっぴゃくはちじゅうえん)　　8. 1,040円(せんよんじゅうえん)

# Day 14

## 今 何時ですか。
いま なんじ

**기본 표현** 시간과 요일 말하기

今 何時ですか。 지금 몇 시입니까?
이마 난지데스까

4時 25分です。 4시 25분입니다.
요지 니쥬-고훈데스

毎朝 何時に 起きますか。 매일 아침 몇 시에 일어납니까?
마이아사 난지니 오끼마스까

7時ごろに 起きます。 7시쯤에 일어납니다.
시찌지 고로니 오끼마스

きのう 何時から 何時まで はたらきましたか。
어제 몇 시부터 몇 시까지 일했습니까?
키노- 난지까라 난지마데 하따라끼마시따까

8時から 6時まで はたらきました。 8시부터 6시까지 일했습니다.
하찌지까라 로꾸지마데 하타라끼마시따

何時(なんじ) 몇 시   ごろ 쯤, 경, 무렵
~時(じ) ~시        ~まで ~까지
~分(ぶん/ふん) ~분   働(はたら)く 일하다
毎朝(まいあさ) 매일 아침

## 해설

● 今(いま) 何時(なんじ)ですか。 지금 몇 시입니까?

현재 시간을 묻는 표현입니다. 모르는 사람에게 물을 때에는 失礼(しつれい)ですが(실례합니다만) 라고 양해를 구하는 것이 좋습니다.

# Day 14

● **ごろ ~경(쯤), ~무렵**

때를 부정확하게 표시할 때 사용합니다.

예) 夜 12時ごろ ねます。 밤 12시 쯤 잡니다.
　　 何時ごろ 終わりますか。 몇 시쯤 끝납니까?

❖ **시간 읽기**

| 1時 | 2時 | 3時 | 4時 | 5時 | 6時 |
|---|---|---|---|---|---|
| いちじ | にじ | さんじ | よじ | ごじ | ろくじ |
| 7時 | 8時 | 9時 | 10時 | 11時 | 12時 |
| しちじ | はちじ | くじ | じゅうじ | じゅういちじ | じゅうにじ |

⇒ 4시는 よじ, 7시는 しちじ, 9시는 くじ라고 하는 것에 주의!

❖ **분 읽기**

| 1分 | 2分 | 3分 | 4分 | 5分 |
|---|---|---|---|---|
| いっぷん | にふん | さんぷん | よんぷん | ごふん |
| 6分 | 7分 | 8分 | 9分 | 10分 |
| ろっぷん | ななふん | はっぷん | きゅうふん | じゅっぷん (じっぷん) |
| 20分 | 30分 | 40分 | 50分 | 60分 |
| にじゅっぷん | さんじゅっぷん | よんじゅっぷん | ごじゅっぷん | ろくじゅっぷん |

⇒ '分'은 2분, 5분, 7분, 9분의 경우 ふん으로 읽고 그 외는 ぷん으로 읽습니다. 11분부터는 じゅういっぷん, じゅうにふん, じゅうさんぷん…이 됩니다.

● **시작과 끝을 나타내는 から와 まで**

~からと '~에서, 부터', ~までと '~까지' 라는 뜻을 가지고 있으며 시간이나 장소 등의 출발점과 종점을 나타냅니다. 함께 나오는 경우가 많으니 외워주세요.

예) 5時から 9時まで 5시부터 9시까지
　　 ここから 駅まで 여기에서 역까지

## 응용 회화

A: 日本の 銀行は 何時から 何時までですか。
니혼노 깅꼬-와 난지까라 난지마데데스까

B: 午前 9時から 午後 3時までです。
고젠 쿠지까라 고고 산지마데데스

A: 休みは 何曜日ですか。
야스미와 낭요-비데스까

B: 土曜日と 日曜日です。
도요-비또 니찌요-비데스

A : 일본의 은행은 몇 시부터 몇 시까지입니까?
B : 오전 9시부터 오후 3시까지입니다.
A : 휴일은 무슨 요일이에요?
B : 토요일과 일요일입니다.

銀行(ぎんこう) 은행
午前(ごぜん) 오전
午後(ごご) 오후
休(やす)み 휴일, 방학

何曜日(なんようび) 무슨 요일
土曜日(どようび) 토요일
日曜日(にちようび) 일요일

# Day 14

## 해설

● 일본의 은행은 우리나라와 달리 9시부터 3시까지 영업하므로 은행을 이용할 경우에는 시간에 주의해야합니다. 주말은 우리나라와 마찬가지로 영업하지 않습니다.

● 何時(なんじ)から 何時(なんじ)まで
'~から ~まで'는 'from~ to~'와 같이 시간이나 공간적으로 시작점과 종착지점을 나타냅니다.

❖ 요일 읽기

| 월요일<br>月曜日 | 화요일<br>火曜日 | 수요일<br>水曜日 | 목요일<br>木曜日 |
|---|---|---|---|
| げつようび | かようび | すいようび | もくようび |
| 금요일<br>金曜日 | 토요일<br>土曜日 | 일요일<br>日曜日 | 무슨 요일<br>何曜日 |
| きんようび | どようび | にちようび | なんようび |

● 요일을 나타내는 말은 한자로 우리와 일치하지만, 회화에서는 끝의 한 글자를 생략하여 月曜(げつよう), 火曜(かよう)라고 말하기도 합니다.

### やばい(야바이) - 큰일이야, 죽인다

일본 젊은 사람들이 자주 쓰는 말 중 하나인 やばい는 원래 '위험하다, 큰일이다' 라는 뜻의 속어였는데 최근에는 '대단하다, 죽인다' 라는 뜻으로도 많이 씁니다. 예를 들어 귀여운 것을 봤을 때 やばい！超(ちょう) かわいい！(죽인다! 너무 귀여워!)라고 쓰는 것이죠. 물론 본래의 의미대로 정말 위험할 때도 やばい！遅刻(ちこく)だ！(큰일났다! 지각이야!)처럼 쓰면 됩니다.

## 평가 테스트

**오른쪽 그림을 보고 다음 대화를 완성하세요.**

1. A : 今何時ですか。 지금 몇 시입니까?

   B : _____。 1시 30분입니다.

2. A : 今何時ですか。 지금 몇 시입니까?

   B : _____。 10시 2분입니다.

3. A : 今何時ですか。 지금 몇 시입니까?

   B : _____。 7시 56분입니다.

**빈칸에 알맞은 말을 넣으세요.**

4. 毎朝 _____。 매일 아침 몇 시에 일어납니까?

5. _____ はたらきます。 9시부터 5시까지 일합니다.

6. 授業は _____ はじまります。 수업은 오전 10시에 시작됩니다.

**다음 문장을 일본어로 만드세요.**

7. 오늘은 화요일입니다.

   _____。

8. 매주 월요일은 휴일입니다. (매주 毎週)

   _____。

9. 밤 11시쯤 잡니다.

   _____。

---

1. 1時(いちじ) 30分(さんじゅっぷん)(半(はん))です
2. 10時(じゅうじ) 2分(ふん)です
3. 7時(しちじ) 56分(ごじゅうろっぷん)です
4. 何時(なんじ)に 起(お)きますか
5. 9時(くじ)から 5時(ごじ)まで
6. 午前(ごぜん) 10時(じ)に
7. きょうは 火曜日(かようび)です
8. 毎週(まいしゅう) 月曜日(げつようび)は 休(やす)みです
9. 夜(よる) 11時(じ)ごろ ねます

# 교통 [交通<ruby>こうつう</ruby>]

▶ くるま [車]
쿠루마

▶ バス [bus]
바스

▶ れっしゃ [列車]
렛샤

▶ でんしゃ [電車]
덴샤

▶ ひこうき [飛行機]
히꼬ー끼

▶ ヘリコプター [helicopter]
헤리꼬뿌따ー

## 그림 단어

▶ ふね [船]
후네 — 배

▶ バイク [bike]
바이꾸 — 오토바이

▶ スクーター [scooter]
스꾸-따- — 스쿠터

▶ じてんしゃ [自転車]
지뗀샤 — 자전거

▶ トラック [truck]
토락꾸 — 트럭

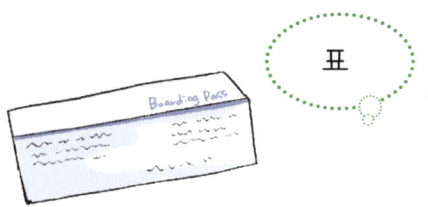

▶ きっぷ [切符]
킵뿌 — 표

# Day 15

## いつ 東京へ 来ましたか。

### 기본 표현 — 날짜 말하기

いつ アメリカへ 行きますか。　언제 미국에 갑니까?
이쯔 아메리까에 이끼마스까

4月 7日に 行きます。　4월 7일에 갑니다.
시가쯔 나노까니 이끼마스

山田さんの 誕生日は いつですか。　야마다 씨 생일은 언제에요?
야마다산노 탄죠-비와 이쯔데스까

10月 14日です。　10월 14일입니다.
쥬-가쯔 쥬-욕까데스

いつ 東京へ 来ましたか。　언제 도쿄에 오셨나요?
이쯔 토-쿄-에 키마시따까

ことしの 3月に 来ました。　올해 3월에 왔어요.
코또시노 상가쯔니 키마시따

いつ 언제
〜月(がつ) 〜월
誕生日(たんじょうび) 생일

東京(とうきょう) 도쿄, 일본의 수도
今年(ことし) 올해, 금년

- **4月(しがつ) 7日(なのか)に 行(い)きます。**
  일본어에선 동사의 미래형이 따로 없어서 현재형이 미래형을 겸합니다. 따라서는 行(い)きます는 '갑니다' 또는 '가겠습니다'라고 해석됩니다.

 일본어로 날짜 말하기

## ★ 연

| 재작년<br>一昨年 | 작년<br>去年 | 올해<br>今年 | 내년<br>来年 | 내후년<br>再来年 |
|---|---|---|---|---|
| おととし | きょねん | ことし | らいねん | さらいねん |

## ★ 월

| 1月 | 2月 | 3月 | 4月 | 5月 | 6月 |
|---|---|---|---|---|---|
| いちがつ | にがつ | さんがつ | しがつ | ごがつ | ろくがつ |
| 7月 | 8月 | 9月 | 10月 | 11月 | 12月 |
| しちがつ | はちがつ | くがつ | じゅうがつ | じゅういちがつ | じゅうにがつ |

⇒ 4월은 しがつ, 7월은 しちがつ, 9월은 くがつ라고 읽는 것에 주의!

## ★ 날짜 읽기

| 1日 | 2日 | 3日 | 4日 | 5日 | 6日 | 7日 |
|---|---|---|---|---|---|---|
| ついたち | ふつか | みっか | よっか | いつか | むいか | なのか |
| 8日 | 9日 | 10日 | 11日 | 12日 | 13日 | 14日 |
| ようか | ここのか | とおか | じゅういちにち | じゅうににち | じゅうさんにち | じゅうよっか |
| 15日 | 16日 | 17日 | 18日 | 19日 | 20日 | 21日 |
| じゅうごにち | じゅうろくにち | じゅうしちにち | じゅうはちにち | じゅうくにち | はつか | にじゅういちにち |
| 22日 | 23日 | 24日 | 25日 | 26日 | 27日 | 28日 |
| にじゅうににち | にじゅうさんにち | にじゅうよっか | にじゅうごにち | にじゅうろくにち | にじゅうしちにち | にじゅうはちにち |
| 29日 | 30日 | 31日 | | | | |
| にじゅうくにち | さんじゅうにち | さんじゅういちにち | | | | |

⇒ 1일~10일의 읽는 법이 어렵습니다. 11일부터는 じゅういちにち, じゅうににち…로 읽으면 되지만 14일은 じゅうよっか, 20일은 はつか, 24일은 にじゅうよっか로 읽는 것에 주의합시다!

# Day 15

## 응용 회화

女: 出張は 来週からですよね。
  슛쬬-와 라이슈-까라데스요네

男: ええ、20日から 24日までです。
  에- 하쯔까까라 니쥬-욕까마데데스

女: じゃ、夏休みは 25日からですか。
  쟈 나쯔야스미와 니쥬-고니찌까라데스까

男: いえ、28日の 火曜日からです。
  이에 니쥬-하찌니찌노 카요-비까라데스

女: 출장은 다음 주부터죠?
男: 네, 20일부터 24일까지예요.
女: 그럼 여름휴가는 25일부터인가요?
男: 아뇨, 28일 화요일부터예요.

### 새로운 단어

**出張**(しゅっちょう) 출장
**来週**(らいしゅう) 다음 주
**~よね** ~지요? (상대방이 모르는 정보나 자기 뜻을 조금 강하게 전달)
**夏休**(なつやす)**み** 여름휴가

## 해설

● **~よね ~(이)지요?**

문장 끝에 쓰이는 종조사 よね는 자신의 생각을 말하면서 상대의 동의를 구하기 위해 묻는 표현입니다. 종조사 よ에는 자신의 주장을 강조하는 뉘앙스가 있는데 그 뒤에 ね를 붙여 조금 부드럽게 말하는 것이지요. 이때 よね는 끝을 올려서 말해야 의문형이 됩니다. ね나 よ같은 문장 끝에 오는 조사는 손윗사람에게 쓸 수 없는 표현입니다. 정중한 표현은 でしょうか라고 합니다.

# 평가 테스트

**다음 날짜를 읽어보세요.**

1. 2月 9日　　_____

2. 12月 24日　_____

3. 6月 6日　　_____

**다음 문장을 해석하세요.**

4. テストは 12月 7日です。
   _____ .

5. 来年の 3月に 卒業します。(卒業 졸업)
   _____ .

6. きょうは 何月 何日ですか。
   _____ ?

**다음 문장을 일본어로 만드세요.**

7. 제 생일은 1월 1일이에요.
   _____ 。

8. 겨울방학은 31일부터입니다. (겨울방학 冬休み)
   _____ 。

9. 작년 9월에 일본에 왔습니다.
   _____ 。

---

 정답

1. にがつ ここのか　　2. じゅうにがつ にじゅうよっか　　3. ろくがつ むいか
4. 시험은 12월 7일입니다　　5. 내년 3월에 졸업합니다　　6. 오늘은 몇 월 며칠입니까
7. わたしの(ぼくの) 誕生日(たんじょうび)は 1月(いちがつ) 1日(ついたち)です　　8. 冬休(ふゆやす)みは 31日(さんじゅういちにち)からです
9. きょねん(の) 9月(くがつ)に 日本(にほん)へ 来(き)ました

## 과일 [果物]

사과

▶ りんご [林檎]
링고

수박

▶ すいか [西瓜]
스이까

딸기

▶ いちご [苺]
이찌고

포도

▶ ぶどう [葡萄]
부도-

귤

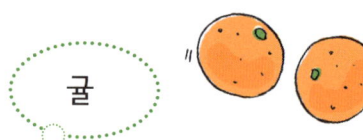
▶ みかん [蜜柑]
미깡

오렌지

▶ オレンジ [orange]
오렌지

감

▶ かき [柿]
카끼

그림 단어

▶ なし [梨]
나시

▶ バナナ [banana]
바나나

▶ レモン [lemon]
레몽

▶ パイナップル [pineapple]
파이납뿌루

▶ もも [桃]
모모

▶ メロン [melon]
메론

▶ くり [栗]
쿠리

# Day 16
# 3時間ぐらい待ちました。

**기본 표현** 여러 가지 단위

3時間ぐらい 待ちました。 3시간 정도 기다렸어요.
산지깐구라이 마찌마시따

10人ぐらい あつまりました。 10명 정도 모였습니다.
쥬-닝구라이 아쯔마리마시따

中国で 一年くらい 留学しました。 중국에서 1년 정도 유학했습니다.
츄-고꾸데 이찌넹꾸라이 류-가꾸시마시따

パンを 1個 食べました。 빵을 한 개 먹었습니다.
팡오 익꼬 타베마시따

シャツを 1枚 すてました。 셔츠를 한 장 버렸습니다.
샤쯔오 이찌마이 스떼마시따

しろい いぬが 1匹、くろい ねこが 2匹 います。
시로이 이누가 입삐끼   쿠로이 네꼬가 니히끼 이마스
하얀 개가 한 마리, 검은 고양이가 두 마리 있어요.

この 本が 3冊 いります。
코노 홍가 산사쯔 이리마스
이 책이 세 권 필요합니다.

ビールを 一本 注文しました。
비-루오 입뽕 츄-몬시마시따
맥주를 한 병 주문했습니다.

# Day 16

| | |
|---|---|
| ~時間 ~시간 | ~枚(まい) ~장 [얇고 평평한 것을 세는 단위] |
| ~ぐらい(くらい) ~정도 | 捨(す)てる 버리다 |
| ~人(にん) ~명 | 白(しろ)い 희다 |
| 集(あつ)まる 모이다 | ~匹(ひき・びき・ぴき) ~마리 [동물을 세는 단위] |
| ~年(ねん) ~년 | 黒(くろ)い 검다 |
| 留学(りゅうがく)する 유학하다 | ~冊(さつ) ~권 |
| パン 빵 | いる 필요하다 |
| ~個(こ) ~개 [물건을 세는 단위] | ~本(ほん・ぼん・ぽん) ~개, 개비, 자루 |
| シャツ 셔츠 | [가늘고 긴 것을 세는 단위] |

● **くらい(ぐらい)와 ごろ의 구별**

　くらい(ぐらい) : '~정도' 불확실한 시간이나 금액, 양을 나타내는 표현
　ごろ : '쯤, 무렵' 시기를 가리키는 표현

　예　中国(ちゅうごく)に 3年(さんねん)ぐらい いました。 중국에 3년 정도 있었습니다.
　　　12時(じゅうにじ)ごろ ねます。 12시쯤 잡니다.
　　* 12時(じゅうにじ)ぐらい ねます。 12시정도 잡니다.(×)


● **~匹 ~마리**

~匹는 동물을 세는 단위로 앞에 오는 숫자에 따라 ひき・びき・ぴき로 읽습니다. 큰 짐승에는 頭(とう)를 쓰기도 하고, 새는 흔히 羽(わ)를 씁니다.


● **この 本(ほん)が 3冊(さつ) いります。**

いります의 기본형은 いる라서 '(사람, 동물이) 존재하다'와 같은 꼴이지만 2그룹동사라서 ます를 붙이면 いります가 됩니다. '있습니다'는 います입니다.

## 응용 회화

A: ここから 東京駅まで どのくらい かかりますか。
코꼬까라 토-꾜에끼마데 도노구라이 카까리마스까

B: 電車で 15分ぐらい かかります。
덴샤데 쥬-고훙구라이 카까리마스

A: そうですか。あの、きっぷうりばは どこに ありますか。
소-데스까   아노   킵뿌우리바와 도꼬니 아리마스까

B: きっぷうりばは 2階に あります。
킵뿌우리바와 니까이니 아리마스

A: ありがとうございます。
아리가또- 고자이마스

A: 여기에서 도쿄역까지 얼마나 걸리나요?
B: 전철로 15분 정도 걸립니다.
A: 그런가요? 저, 매표소는 어디에 있나요?
B: 매표소는 2층에 있습니다.
A: 감사합니다.

  새로운 단어

駅(えき) 역
どのくらい 어느 정도
掛(か)かる 걸리다, 소요되다
電車(でんしゃ) 전철

あの 저, 저어 [말을 걸 때나 말이 막혔을 때]
きっぷ売(う)り場(ば) 매표소
〜階(かい) 〜층

## 해설

● 電車(でんしゃ)で 15分(ふん)ぐらい かかります。
電車で(전철로, 전철을 타면)의 で는 도구나 수단을 나타내는 조사입니다.

● あの〜는 '저, 저…'라는 뜻으로 말을 걸 때나 말이 막혔을 때 내는 소리입니다. あのう라고 길게 쓰기도 합니다.

예 あの、じつは…。 저, 실은….

 かぞえかた 생물이나 사물을 세는 방법

| | 何人(なんにん)<br>몇 명 | 何個(なんこ)<br>몇 개 | 何枚(なんまい)<br>몇 장 | 何匹(なんびき)<br>몇 마리 | 何冊(なんさつ)<br>몇 권 | 何本(なんぼん)<br>몇 개, 자루 | 何階(なんがい)<br>몇 층 | 何杯(なんばい)<br>몇 잔 |
|---|---|---|---|---|---|---|---|---|
| 1 | ひとり | いっこ | いちまい | いっぴき | いっさつ | いっぽん | いっかい | いっぱい |
| 2 | ふたり | にこ | にまい | にひき | にさつ | にほん | にかい | にはい |
| 3 | さんにん | さんこ | さんまい | さんびき | さんさつ | さんぼん | さんがい | さんばい |
| 4 | よにん | よんこ | よんまい | よんひき | よんさつ | よんほん | よんかい | よんはい |
| 5 | ごにん | ごこ | ごまい | ごひき | ごさつ | ごほん | ごかい | ごはい |
| 6 | ろくにん | ろっこ | ろくまい | ろっぴき | ろっさつ | ろっぽん | ろっかい | ろっぱい |
| 7 | しちにん<br>ななにん | ななこ | ななまい | ななひき | ななさつ | ななほん | ななかい | ななはい |
| 8 | はちにん | はっこ | はちまい | はっぴき | はっさつ | はっぽん | はっかい<br>はちかい | はっぱい |
| 9 | きゅうにん | きゅうこ | きゅうまい | きゅうひき | きゅうさつ | きゅうほん | きゅうかい | きゅうはい |
| 10 | じゅうにん | じゅっこ<br>じっこ | じゅうまい | じゅっぴき<br>じっぴき | じゅっさつ<br>じっさつ | じゅっぽん<br>じっぽん | じゅっかい<br>じっかい | じゅっぱい<br>じっぱい |

⇒ 앞에 나온 발음에 따라 탁음이나 반탁음으로 바뀌는 경우가 있는데 따로 외우려고 애쓰지 않아도 자주 접하다 보면 자연스럽게 머리에 들어옵니다. 그리고 10의 경우 じっこ, じっぴき… 등은 거의 사용되지 않으므로 じゅっこ, じゅっぴき…쪽만 알아두면 됩니다.

# 채소 [野菜(やさい)]

감자

▶ じゃがいも [じゃが芋]
쟈가이모

고구마
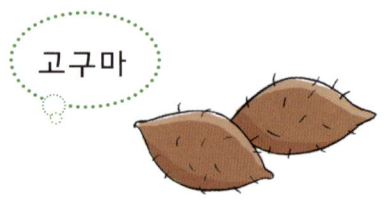
▶ さつまいも [薩摩芋]
사쯔마이모

\* 薩摩(さつま)는 九州(きゅうしゅう)남부의 옛지명 (현재는 鹿児島(かごしま))입니다.

당근

▶ にんじん [人参]
닌징

무
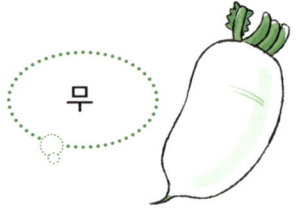
▶ だいこん [大根]
다이꽁

표고버섯

▶ しいたけ [椎茸]
시-따께

마늘

▶ にんにく [大蒜]
닌니꾸

피망

▶ ピーマン [(프)piment]
피-망

그림 단어

양파
▶ たまねぎ [玉葱]
타마네기

파
▶ ねぎ [葱]
네기

오이
▶ きゅうり [胡瓜]
큐-리

콩
▶ まめ [豆]
마메

시금치
▶ ほうれんそう [菠薐草]
호-렌소-

호박
▶ かぼちゃ [南瓜]
카보쨔

토마토
▶ トマト [tomato]
토마또

## 평가 테스트

🐟 다음 문장을 해석하세요.

1. きっぷを 1枚 買いました。

   ---------------------------------------- .

2. 何人くらい 集まるんですか。

   ---------------------------------------- ?

3. コーヒーを 一杯 飲みました。

   ---------------------------------------- .

🐟 빈칸에 알맞은 말을 넣으세요.

4. うちには いぬが _____ 。 우리 집에는 개가 세 마리 있습니다.

5. 病院は _____ あります。 병원은 5층에 있습니다.

6. えんぴつを _____ もらいました。 연필을 한 자루 받았습니다.

🐟 다음 문장을 일본어로 만드세요.

7. 손수건을 한 장 주세요. (손수건 ハンカチ)

   ---------------------------------------- 。

8. 버스로 10분정도 걸립니다.

   ---------------------------------------- 。

9. 케이크를 한 개 골랐습니다. (케이크 ケーキ, 고르다 選ぶ)

   ---------------------------------------- 。

 정답
1. 표를 한 장 샀습니다   2. 몇 명 정도 모입니까   3. 커피를 한 잔 마셨습니다   4. 三匹(さんびき) います
5. 5階(かい)に   6. 一本(いっぽん)   7. ハンカチを 一枚(いちまい) ください
8. バスで 10分(じゅっぷん)ぐらい かかります   9. ケーキを 一個(いっこ)(1つ) 選(えら)びました

# Day 17

## ノートパソコンを 持って 来ます。

**기본 표현** 동사의 て형, 동작의 순서

じてんしゃが はしって 行きます。 자전거가 달려갑니다.
지뗀샤가 하싯떼 이끼마스

ノートパソコンを 持って 来ます。 노트북을 가지고 오겠습니다.
노-또빠소꽁오 못떼 키마스

めがねを かけて 車を 運転します。 안경을 쓰고 차를 운전합니다.
메가네오 카께떼 쿠루마오 운뗑시마스

かおを 洗って シャワーを 浴びました。
카오오 아랏떼 샤와-오 아비마시따
얼굴을 씻고 샤워를 했습니다.

友だちと 食事を して から、飲みに 行きました。
토모다찌또 쇼꾸지오 시떼까라    노미니 이끼마시따
친구와 식사를 한 후에 술 마시러 갔습니다.

はを みがいて から、朝ごはんを 食べました。
하오 미가이떼까라         아사고항오 타베마시따
이를 닦고 나서 아침밥을 먹었습니다.

---

自転車(じてんしゃ) 자전거
走(はし)る 달리다
ノートパソコン 노트북 컴퓨터
　　　　　　　 (일 note personal computer)
持(も)つ (손에)들다, 지니다
眼鏡(めがね) 안경
運転(うんてん)する 운전하다

顔(かお) 얼굴
洗(あら)う 씻다
シャワー 샤워(shower)
浴(あ)びる 끼얹다
食事(しょくじ) 식사
歯(は) 이, 이빨
磨(みが)く 닦다

## 해설

● **めがねを かけて…**
우리말은 '안경을 쓰다'라고 하는데 일본어에선 かける(걸다)라고 표현합니다.

● **シャワーを 浴(あ)びました。**
'샤워를 하다' 'シャワーをする'가 아니라 シャワーを浴(あ)びる라고 표현하는 점에 주의하실 것.

● **友(とも)だちと 食事(しょくじ)を して から、飲(の)みに 行(い)きました。**
~て から는 동사 て형에 から를 붙인 것으로 '~하고 나서', '~한 후에'라는 뜻입니다.

❖ 옷, 액세서리 등의 착용에 관련된 말

| 〈옷〉 | 입다 | 벗다 |
|---|---|---|
| 상의, 한 벌 | うわぎを 着る 윗옷을 입다 | スーツを ぬぐ 정장을 벗다 |
| 하의, 양말, 신발 | ズボンを はく 바지를 입다 | くつしたを ぬぐ 양말을 벗다 |

⇒ 상의나 아래위 한 벌의 옷을 입을 때는 着(き)る, 하의나 양말, 신발을 신을 때는 はく를 씁니다. 벗을 때는 둘 다 ぬぐ를 쓰면 됩니다.

| 〈액세서리〉 | 입다 | 벗다 |
|---|---|---|
| 모자 ぼうし | かぶる 쓰다 | ぬぐ 벗다 |
| 안경 めがね | かける 쓰다 | 벗다 |
| 넥타이 ネクタイ | 絞める 매다 | 外す 풀다 |
| 반지 ゆびわ | はめる 끼다 | 빼다 |
| 목걸이(귀걸이) ネックレス | つける 하다 | 풀다 |

⇒ 넥타이, 반지, 목걸이, 귀걸이 등을 착용할 때는 する라고도 합니다. 벗을 때 쓰는 外(はず)す 대신에 とる를 쓰기도 합니다.

# Day 17

 동사+て(で)형의 여러 가지 활용

## ★ 동사+て(で)형 활용하기

동사+て(で)는 '~하여, ~하고'라는 의미로 한 동작을 끝내지 않고 다른 동작으로 이어질 때 사용합니다. 그 중 1그룹 동사의 경우 동사 끝 글자에 따라 독특한 음의 변화가 있는데 이를 음편현상이라 합니다. 음편 현상은 1그룹 동사 뒤에 て 이외에 た, たり가 올 때도 생깁니다. 우선 이번 과에서는 그룹별 동사+て 형을 어떻게 만드는지 배워봅시다.

| 그룹 | 변화 형태 | 동사 기본형 | | 동사+て형 |
|---|---|---|---|---|
| 1그룹 동사 | う<br>つ → っ+て<br>る | 言(い)う 말하다<br>待(ま)つ 기다리다<br>ある 있다 | → | 言(い)って 말하고<br>待(ま)って 기다리고<br>あって 있고 |
| | ぬ<br>ぶ → ん+で<br>む | 死(し)ぬ 죽다<br>遊(あそ)ぶ 놀다<br>読(よ)む 읽다 | → | 死(し)んで 죽고<br>遊(あそ)んで 놀고<br>読(よ)んで 읽고 |
| | く → い+て<br>ぐ → い+で | 書(か)く 쓰다<br>泳(およ)ぐ 헤엄치다 | → | 書(か)いて 쓰고<br>泳(およ)いで 헤엄치고 |
| | す → し+て | 話(はな)す 이야기하다 | → | 話(はな)して 이야기하고 |
| 2그룹 동사 | い・え단+る<br>→ る삭제 + て | 見(み)る 보다<br>食(た)べる 먹다 | → | 見(み)て 보고<br>食(た)べて 먹고 |
| 3그룹 동사 | | する 하다<br>来(く)る 오다 | → | して 하고<br>来(き)て 오고 |

❖ 예외 1그룹 동사 : 형태는 2그룹 동사인데 1그룹 동사의 활용을 하는 동사

| 예외<br>1그룹 동사 | る → っ+て | 帰(かえ)る 돌아가다<br>切(き)る 자르다<br>入(はい)る 들어가다<br>要(い)る 필요하다<br>走(はし)る 달리다 | → | 帰(かえ)って 돌아가고<br>切(き)って 자르고<br>入(はい)って 들어가고<br>要(い)って 필요하고<br>走(はし)って 달리고 |
|---|---|---|---|---|

⇒ 예외 1그룹 동사 구별법

2그룹 동사인 食(た)べる를 보면 べ가 한자 밖으로 나와 있지만 예외 1그룹 동사인 帰(かえ)る를 보면 え가 한자 밖으로 나와 있지 않습니다. 즉, 2그룹 동사는 い단이나 え단이 한자 밖으로 나와 있고 1그룹 동사는 끝소리 る를 빼고는 모두 들어가 있습니다. 이런 차이로 구별하면 좀 쉽죠?

# Day 17

## 응용 회화

女: ゴールデンウィークは どこに 行きましたか。
고-루뎅위-꾸와 도꼬니 이끼마시따까

男: 大阪に 行って、それから 神戸に 行きました。
오-사까니 잇떼 소레까라 코-베니 이끼마시따

女: そうですか。何で 行きましたか。
소-데스까 나니데 이끼마시따까

男: 大阪までは 新幹線で、神戸までは 電車で 行きました。
오-사까마데와 신깐센데 코-베마데와 덴샤데 이끼마시따

女: 골든위크에는 어디에 갔었어요?
男: 오사카에 갔다가 그 다음에 코베에 갔습니다.
女: 그래요? 무엇으로 갔어요?
男: 오사카까지는 신칸선으로, 코베까지는 전철로 갔습니다.

ゴールデンウィーク 골든위크(4월 말에서 5월 초에 걸친 일본의 황금연휴)
大阪(おおさか) 오사카, 일본 제2의 광역도시
それから 그리고, 그 다음에
神戸(こうべ) 코베, 효고 현(縣) 남부의 도시
新幹線(しんかんせん) 신칸선, 일본의 고속철도(1964년 개통)

## 해설

● 여기서 で는 '~로(으로)'라는 뜻으로 교통수단, 방법을 나타냅니다. 何で는 なにで와 なんで 두 가지로 읽을 수 있습니다. 둘 다 '무엇으로(무엇을 타고)'라는 뜻을 갖고 있습니다. 하지만 なんで에는 '무엇으로'라는 뜻 이외에 '무엇 때문에, 왜, 어째서'라는 뜻으로도 쓰이므로 주의합시다.

● …電車(でんしゃ)で 行(い)きました。

우리말로는 전철이라고 하는데 일본에선 電車(でんしゃ)라고 합니다. 2005년의 대형히트 일본 드라마인 電車男(でんしゃおとこ)도 바르게 번역하면 '전철남'이라고 해야겠죠?

# Day 17

❖ 컴퓨터와 관련된 말

パソコン 퍼스널 컴퓨터 (PC), パーソナルコンピューター의 준말
ノートパソコン 노트북 (일 note personal computer)
モニター 모니터 (monitor)
キーボード 키보드 (keyboard)
マウス 마우스 (mouse)
プリンター 프린터 (printer)
スキャナー 스캐너 (scanner)
ネットカフェー PC방
カキコする 글을 올리다
文字化(もじば)け 글자깨짐
フリーズする 다운되다(freeze)
パスワード 패스워드(password), 비밀번호
ログイン 로그인(log in)
ログアウト 로그아웃(log out)

### ゴールデンウィーク(고-루뎅위-꾸) - 골든위크, 황금연휴

매년 4월 말에서 5월 초까지 다음 공휴일이 끼어 있는 일주일 휴일을 말합니다. 일본에서는 국경일이 요일과 겹치면 그 다음날인 월요일이 휴일이 되며, 휴일과 휴일 사이에 있는 평일을 쉬기도 하기 때문에 골든위크 기간은 매년 약간씩 달라집니다. 골든위크는 지정된 연휴는 아니므로 회사에 따라 쉬는 날이 조금씩 다릅니다.

　　4월 29일 쇼와의 날(昭和の日) 쇼와천황의 탄생일
　　　　* 쇼와천황 : 1926~1988년까지의 천황, 현재는 平成(へいせい)천황
　　5월 1일 노동절(メーデー / 労働(者)の日) * 공휴일은 아니지만 많은 기업에서 휴일로 지정
　　5월 3일 헌법 기념일(憲法記念日)
　　5월 4일 초록의 날(みどりの日) 식목일
　　5월 5일 어린이날(こどもの日)

# 동물 [動物]

개
▶ いぬ [犬]
이누

고양이
▶ ねこ [猫]
네꼬

곰

▶ くま [熊]
쿠마

말
▶ うま [馬]
우마

돼지

▶ ぶた [豚]
부따

소

▶ うし [牛]
우시

호랑이

▶ とら [虎]
토라

그림 단어

## 평가 테스트

다음 문장을 해석하세요.

1. えいがを 見て ごはんを 食べました。

   ........................................................

2. ペンを 忘れて 来ました。

   ........................................................

3. 駅まで バスで 行って 地下鉄に 乗ります。 (地下鉄 지하철)

   ........................................................


다음 대화를 완성하세요.

4. A: 会社まで _____。 회사까지 무엇으로 오세요?

5. B: _____ 来ます。金田さんは？ 자전거 타고 와요. 카네다 씨는요?

6. A: ぼくは _____ 来ます。 저는 전철로 와요.


다음 문장을 일본어로 만드세요.

7. 세수를 하고 아침을 먹습니다.

   ........................................................。

8. 나는 걸어서 학교에 갑니다. (걷다 歩く)

   ........................................................。

9. 모자를 벗고 안경을 씁니다.

   ........................................................。

---

 1. 영화를 보고 밥을 먹었습니다   2. 펜을 놓고(잊어버리고) 왔습니다   3. 역까지 버스로 가서 지하철을 탑니다
4. 何(なに)で 来(き)ますか   5. 自転車(じてんしゃ)で   6. 電車(でんしゃ)で
7. 顔(かお)を 洗(あら)って 朝(あさ)ごはんを 食(た)べます   8. わたし(ぼく)は 歩(ある)いて 学校(がっこう)へ 行(い)きます
9. ぼうしを ぬいで めがねを かけます

# Day 18

## あなたの ことを 考えて いました。

**기본 표현** 동사의 현재진행형 ~て いる

あかちゃんが 泣いて います。 아기가 울고 있습니다.
아까쨩가 나이떼 이마스

ネットで しらべて います。 인터넷에서 찾고 있습니다.
넷또데 시라베떼 이마스

まだ 結婚して いません。 아직 결혼하지 않았어요.
마다 켁꼰시떼 이마셍

すっかり 忘れて いました。 까맣게 잊고 있었습니다.
슥까리 와스레떼 이마시따

あなたの ことを 考えて いました。 당신을 생각하고 있었어요.
아나따노 코또오 캉가에떼 이마시따

雪が 降って いますか。 눈이 내리고 있습니까?
유끼가 홋떼 이마스까

ここの 住所を 知って いますか。 여기 주소를 알고 있습니까?
코꼬노 쥬-쇼오 싯떼 이마스까

### 새로운 단어

赤(あか)ちゃん 아기(＝あかんぼう)
泣(な)く 울다
~て います ~하고 있습니다
ネット(インターネット의 준말) 인터넷(net)
調(しら)べる 찾다, 조사하다
まだ 아직
すっかり 완전히, 남김없이

忘(わす)れる 잊다
事(こと) 일, 것
考(かんが)える 생각하다
雪(ゆき) 눈
住所(じゅうしょ) 주소
知(し)る 알다

### ● ～て いる ~하고 있다

～て いる는 '~하고 있다'는 뜻으로 현재 진행 중의 동작이나 상태를 나타내는 말입니다. 정중하게 말할 때는 ～て います라고 하며 '~하고 있습니다'라는 뜻입니다. 일상적인 대화를 할 때는 ～て います의 い를 없애고 ～てます라고 하는 경우가 많습니다.

예　ごはんを 食(た)べて います。 밥을 먹고 있습니다. [현재 진행 동작]
　　虫(むし)が 死(し)んで います。 벌레가 죽어 있습니다. [현재 상태]

### ● まだ 結婚(けっこん)して いません。

'결혼했어요'라고 말할 때는 結婚(けっこん)して います라고 표현합니다. 결혼해서 현재도 살고 있는 상태이기 때문에 현재진행형으로 쓰는 것이죠. 結婚(けっこん)しました라고 하면 과거에 결혼했었다는 뜻이 되므로 주의합시다. 언제 결혼했냐고 물을 때는 いつ 結婚(けっこん)しましたか와 같이 말할 수 있습니다.

예　A：伊藤(いとう)さんは 結婚(けっこん)して いますか。 이토 씨는 결혼하셨어요?
　　B：ええ、結婚(けっこん)して います。 예, 결혼했어요.
　　A：いつ 結婚(けっこん)しましたか。 언제 결혼하셨어요?
　　B：ことしの 春(はる)に 結婚(けっこん)しました。 올해 봄에 결혼했어요.

### ● ここの 住所(じゅうしょ)を 知(し)って いますか。

'알고 있습니다'는 知(し)って います라고 현재진행형을 사용합니다. 그런데 '모릅니다'는 知(し)りません이라고 하며 知(し)って いません이라 하면 안 됩니다. 촉음을 확실히 발음하지 않으면 して います(하고 있습니다)처럼 들리기 십상입니다.

예　答(こた)えを 知(し)って います。 답을 알고 있습니다.
　　わたしは 何(なに)も 知(し)りません。 전 아무것도 몰라요.

# Day 18

## 응용 회화

女: 桜井さんは 今 何を して いますか。
사꾸라이상와 이마 나니오 시떼 이마스까

男: ソウルの 大学に 通って います。
소우루노 다이가꾸니 카욧떼 이마스

女: じゃ、韓国に 住んでますか。
쟈    캉꼬꾸니 슨데이마스까

男: ええ、今は ひとりぐらしを してるんです。
에ー   이마와 히또리구라시오 시떼룬데스

女 : 사쿠라이 씨는 지금 무슨 일을 하시나요?
男 : 서울에 있는 대학에 다니고 있어요.
女 : 그럼 한국에서 사십니까?
男 : 네, 지금은 혼자서 살고 있어요.

桜井(さくらい) 사쿠라이, 일본인의 성
ソウル 서울
大学(だいがく) 대학교
通(かよ)う 다니다, 왕래하다

韓国(かんこく) 한국
住(す)む 거주하다
一人暮(ひとりぐ)らし 독신 생활

## 해설

● 今(いま) 何(なに)を して いますか。 지금 무엇을 하고 있습니까?

지금 현재 하고 있는 동작을 물을 때도 사용하지만 현재 무슨 직업을 갖고 있는지 물을 때도 사용할 수 있습니다.

# 새 [鳥]

▶ にわとり [鶏]
니와또리

▶ すずめ [雀]
스즈메

▶ からす [烏]
카라스

▶ はと [鳩]
하또

▶ つばめ [燕]
츠바메

▶ かもめ [鴎]
카모메

▶ おうむ [鸚鵡]
오-무

그림 단어

## 평가 테스트

**다음 문장을 해석하세요.**

1. 加藤さんを 待って います。

   ----------------------------------------.

2. ここで 何を して いますか。

   ----------------------------------------?

3. だれか ぼくを 呼んで います。

   ----------------------------------------.

**다음 대화를 완성하세요.**

4. A: 千葉さんは 今 _____。 치바 씨는 지금 어디에 살고 있나요?

5. B: 大阪に _____。 오사카에 살고 있어요.

   A: 一人で 住んでるんですか。 혼자서 살고 있나요?

6. B: いいえ、_____ 住んで います。 아뇨, 가족과 함께 살고 있어요.

**다음 문장을 일본어로 만드세요.**

7. 지금 비가 내리고 있습니까?

   ----------------------------------------。

8. 노란 스웨터를 입고 있어요. (노랗다 きいろい, 스웨터 セーター)

   ----------------------------------------。

9. 편지를 쓰고 있습니다. (편지 手紙)

   ----------------------------------------。

---

 **정답**

1. 카토 씨를 기다리고 있습니다
2. 여기에서 무엇을 하고 있나요
3. 누군가 나를 부르고 있습니다
4. どこに 住(す)んで いますか
5. 住(す)んで います
6. 家族(かぞく)と いっしょに
7. いま 雨(あめ)が 降(ふ)って いますか
8. きいろい セーターを 着(き)て います
9. 手紙(てがみ)を 書(か)いて います

# Day 19
## がんばって ください。

**기본 표현** 부탁이나 요청 표현

がんばって ください。 힘내세요.
감밧떼 쿠다사이

話を 聞いて ください。 얘기를 들어 주세요.
하나시오 키이떼 쿠다사이

ちょっと 手伝って ください。 좀 도와주세요.
춋또 테쯔닷떼 쿠다사이

ゆっくり 話して ください。 천천히 얘기해 주세요.
육꾸리 하나시떼 쿠다사이

この まほうは 十二時に なると 消えるから
その まえに 帰って ください。
코노 마호-와 쥬-니지니 나루또 키에루까라 소노 마에니 카엣떼 쿠다사이
이 마법은 12시가 되면 사라지니까 그 전에 돌아오세요.

もう 一度 説明して ください。 한 번 더 설명해 주세요.
모- 이찌도 세쯔메- 시떼 쿠다사이

**새로운 단어**

頑張(がんば)る 끝까지 노력하다
～て ください ～해 주세요
話(はなし) 말, 이야기
ちょっと 조금, 잠깐
手伝(てつだ)う 도와주다, 거들다

ゆっくり 천천히
魔法(まほう) 마법
消(き)える 사라지다, 지워지다
一度(いちど) 한 번
説明(せつめい)する 설명하다

## 해설

● がんばって ください。 힘내세요.

상대방을 격려하고 응원할 때 쓰는 표현입니다. 직역하면 '끝까지 노력해 주세요'라는 뜻이지만 '힘내세요'라고 해석하면 됩니다. 친한 사이나 아랫사람에게는 がんばって(힘내)라고 말합니다.

● ください와 ～て ください

ください는 무엇을 달라고 요청하는 말이며 ～て ください는 어떤 행위를 해 달라고 부탁하거나 정중하게 명령하는 말입니다.

- 요청 : バナナを 三(みっ)つ ください。 바나나를 세 개 주세요.
- 부탁 : コートを 見(み)せて ください。 코트를 보여 주세요.
- 명령 : みんな しずかに して ください。 모두 조용히 해 주세요.

● ちょっと 待(ま)って ください。

일어를 모르는 분이 들으면 발음이 좀 망측하게 들리기도 하는데 그냥 "좀 기다려주세요."라는 평이한 표현입니다. 윗사람에게 정중하게 말하고 싶으면 少々(しょうしょう)お待(ま)ちください。라고 합니다.

## 응용 회화

女: パスポートを 見せて ください。
파스뽀-또오 미세떼 쿠다사이

男: はい、どうぞ。
하이   도-조

女: ここに 名前を 書いてから、出して ください。
코꼬니 나마에오 카이떼까라   다시떼 쿠다사이

男: これで 大丈夫ですか。
코레데 다이죠-부데스까

女: はい、ちょっと 待って ください。
하이   춋또 맛떼 쿠다사이

女 : 여권을 보여주세요.
男 : 예, 여기 있어요.
女 : 여기에 이름을 적고나서 내주세요.
男 : 이걸로 됐습니까?
女 : 예, 조금 기다려 주세요.

### 새로운 단어

パスポート 여권(passport)
見(み)せる 보이다, 보도록 하다
名前(なまえ) 이름(우연히도 영어 name과 유사합니다)
出(だ)す 내다, 꺼내다, 제출하다
大丈夫(だいじょうぶ)だ 괜찮다

## 해설

● ～てから ~하고 나서

동사+てから는 '～하고 나서 ～를 하다'라는 문장을 말할 때 사용합니다. 주로 앞의 행동에 초점을 둔 표현이며, 앞의 행동이 더 중요하다는 뉘앙스를 가지고 있습니다.

예) 電話を かけてから 行きます。 전화를 걸고 나서 가겠습니다.

# 벌레 [虫]

개미

▶ あり [蟻]
아리

나비

▶ ちょう [蝶]
쵸-

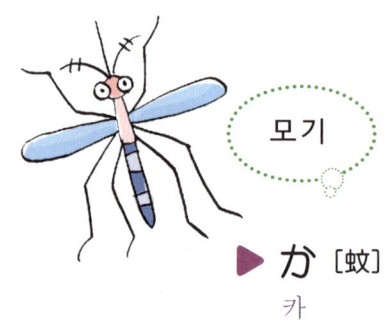
모기

▶ か [蚊]
카

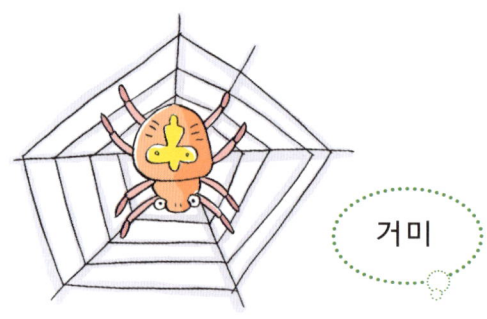
거미

▶ くも [蜘蛛]
쿠모

바퀴벌레

▶ ごきぶり
고끼부리

▶ はえ [蠅] 파리
하에

▶ が [蛾] 나방
가

그림 단어

딱정벌레
▶ かぶとむし [兜虫]
카부또무시

잠자리
▶ とんぼ [蜻蛉]
톰보

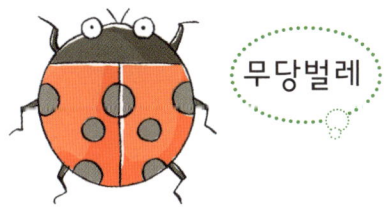
무당벌레
▶ てんとうむし [天道虫]
텐또-무시

벌
▶ はち [蜂]
하찌

개똥벌레
▶ ほたる [蛍]
호따루

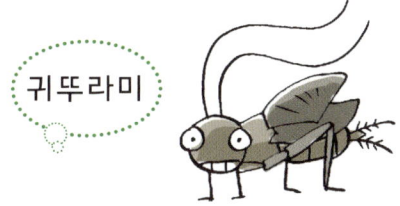
귀뚜라미
▶ こおろぎ [蟋蟀]
코-로기

메뚜기
▶ ばった [飛蝗]
밧따

# 평가 테스트

🐟 다음 문장을 해석하세요.

1. わたしの 話を 聞いて ください。

   ------------------------------------------------.

2. もう 一度 言って ください。

   ------------------------------------------------.

3. どうぞ 入って ください。

   ------------------------------------------------.

🐟 빈칸에 알맞은 말을 넣으세요.

4. ちょっと _____。 잠시만 기다려 주세요.

5. ポイント カードを _____。 포인트 카드를 만들어 주세요.

6. はやく _____。 빨리 정해 주세요.

🐟 다음 문장을 일본어로 만드세요.

7. 이것을 보여주세요.

   ------------------------------------------------。

8. 먼저 시작해 주세요. (시작하다 始める)

   ------------------------------------------------。

9. 모두에게 전해주세요. (모두, 여러분 みんな, 전하다 伝える)

   ------------------------------------------------。

 정답

| | | |
|---|---|---|
| 1. 제 이야기를 들어 주세요 | 2. 다시 한 번 말해 주세요 | 3. 어서 들어오세요 |
| 4. 待(ま)って ください | 5. 作(つく)って ください | 6. 決(き)めて ください |
| 7. これを 見(み)せて ください | 8. 先(さき)に 始(はじ)めて ください | 9. 皆(みな)さんに 伝(つた)えて ください |

# Day 20

## 傘を 持たないで 出かけました。

### 기본 표현   동사 부정형 ~ない

傘を 持たないで 出かけました。
카사오 모따나이데 데까께마시따
우산을 가지지 않고 외출했습니다.

すぐ 帰らないで、スーパーへ 行きます。
스구 카에라나이데       스―빠―에 이끼마스
곧 돌아가지 않고 슈퍼마켓에 가겠습니다.

夜 おそくまで ゲームを しないで、はやく ねます。
요루 오소꾸마데 게―무오 시나이데         하야꾸 네마스
밤늦게까지 게임을 하지 않고 일찍 잘 거예요.

たばこを すわないで ください。  담배를 피우지 마세요.
타바꼬오 스와나이데 쿠다사이

だれにも しゃべらないで ください。  아무에게도 얘기하지 마세요.
다레니모 샤베라나이데 쿠다사이

あんまり 無理しないで ください。  너무 무리하지 마세요.
암마리 무리시나이데 쿠다사이

| | |
|---|---|
| ~ないで ~않고 | 吸(す)う (담배)피우다, 빨아들이다 |
| スーパー 슈퍼마켓(supermarket) | ~にも ~에게도 |
| 遅(おそ)くまで 늦게까지 | しゃべる 얘기하다, 말하다 |
| ゲーム 게임(game) | 無理(むり)する 무리하다 |
| 煙草(たばこ) 담배 | |

## 해설

● あんまり 無理(むり)しないで ください。

あんまり는 본래 あまり인데 강조되어 이렇게 발음되는 겁니다. 참고로 '역시'라는 부사 やはり가 강조되면 やっぱり라고 발음이 바뀝니다.

## 동사 ない형의 여러 가지 활용

### ★ 동사의 ない형 활용하기

동사+ない는 '~지 않다' 라는 뜻입니다. 1그룹 동사의 경우 동사 끝 글자 う단을 あ단으로 바꾸고 ない를 붙이며 2그룹 동사는 끝 글자 る를 없애고 바로 ない를 붙입니다. 3그룹 동사는 불규칙활용을 하므로 외워주세요.

| 그룹 | 변화 형태 | 동사 기본형 | | 동사+ない형 |
|---|---|---|---|---|
| 1그룹 동사 | 끝 글자 → あ단<br>+ ない | 言う 말하다<br>待つ 기다리다<br>書く 쓰다 | → | 言わない 말하지 않다<br>待たない 기다리지 않다<br>書かない 쓰지 않다 |
| 2그룹 동사 | い・え단 + る<br>→ る삭제 + ない | 見る 보다<br>食べる 먹다 | → | 見ない 보지 않다<br>食べない 먹지 않다 |
| 3그룹 동사 | 불규칙 | する 하다<br>来る 오다 | → | しない 하지 않다<br>来ない 오지 않다 |

### ★ 동사 + ないで ~하지 않고

동사+ないで는 '~하지 않고' 라는 의미로 한 동작을 끝내지 않고 다른 동작으로 이어줄 때 사용합니다.

예) 本を 見ないで 書きます。 책을 보지 않고 씁니다.
宿題も しないで、遊びました。 숙제도 하지 않고 놀았습니다.

### ★ 동사 + ないで ください ~하지 마세요, ~하지 말아 주세요

정중한 금지를 나타내는 표현입니다. 비슷한 표현으로 ないで ほしい, ないで ちょうだい 등이 있습니다. 친한 사이나 아랫사람에게는 ください를 떼고 ないで(~하지 말아줘)만으로 말합니다.

예) 危ないですから、来ないで ください。 위험하니까 오지 마세요.
窓を 開けないで。 창문을 열지 말아줘.

## 응용 회화

男: あの、すみませんが。
아노 스미마셍가

女: はい、何ですか。
하이 난데스까

男: ここは 駐車禁止ですので、車を 止めないで ください。
코꼬와 츄-샤낀시데스노데 쿠루마오 토메나이데 쿠다사이

女: あ、そうですか。すみませんでした。
아 소-데스까 스미마센데시따

男: 向こうに 駐車場が ありますので、
そこを 利用して ください。
무꼬-니 츄-샤죠-가 아리마스노데 소꼬오 리요-시떼 쿠다사이

男: 저, 실례합니다만.
女: 예, 무슨 일이십니까?
男: 여기는 주차금지니까 차를 세우지 말아주세요.
女: 아 그렇습니까? 실례했습니다.
男: 맞은편에 주차장이 있으니까 거기를 이용해 주세요.

駐車禁止(ちゅうしゃきんし) 주차금지
止(と)める 멈추다, 세우다
向(む)こう 맞은편

駐車場(ちゅうしゃじょう) 주차장
～ので ～므로, ～때문에
利用(りよう)する 이용하다

## 해설

● ～が、～ ~이지만, ~인데

조사 が는 역접의 뜻도 갖고 있어 뒷부분에 반대되는 내용을 이어줄 때 쓰며, 관련 있는 앞뒤의 사실을 연결하여 보충설명 할 때도 사용합니다.

예) あの 人は あたまは いいが、性格が 悪い。 저 사람은 머리는 좋지만 성격이 나쁘다.
失礼ですが、おいくつですか。 실례합니다만 연세가 어떻게 되세요?

## 원인, 이유를 나타내는 から・ので

일본어에서 원인이나 이유를 나타내는 から와 ので는 둘 다 '~이기 때문에, ~이니까' 라는 뜻입니다. 말하는 사람의 주관적인 판단을 말할 때는 から를 선호합니다. ので는 객관적인 이유를 정중하게 말할 때 사용되는 경향이 있으며, 아래 예문의 경우 일이 있어서 미안하지만 어쩔 수 없이 실례하겠다는 의미가 담겨 있습니다.

**예** あぶないから、ここで あそんでは いけません。 위험하니까 여기서 놀아서는 안 됩니다.
仕事(しごと)が あるので お先(さき)に 失礼(しつれい)します。 일이 있어서 먼저 실례하겠습니다.

### ❶ ~から : ~ 때문에, ~이니까

| 접속 형태 | 기본형 | +から |
|---|---|---|
| 명사+だ | 休(やす)みだ 휴일이다 | 休(やす)みだから 휴일이니까 |
| い형용사 기본형 | 安(やす)い 싸다 | 安(やす)いから 싸니까 |
| な형용사 기본형 | きれいだ 예쁘다 | きれいだから 예쁘니까 |
| 동사 기본형 | 行(い)く 가다 | 行(い)くから 갈 테니까 |
| 부정의 ない | 行(い)かない 가지 않다 | 行(い)かないから 가지 않을 테니까 |
| 과거의 た | 行(い)った 갔다 | 行(い)ったから 갔으니까 |

### ❷ ~ので : ~ 때문에, ~이니까

| 접속 형태 | 기본형 | +ので |
|---|---|---|
| 명사+だ | 休(やす)みだ 휴일이다 | 休(やす)みなので 휴일이니까 |
| い형용사 기본형 | 安(やす)い 싸다 | 安(やす)いので 싸니까 |
| な형용사 명사수식형 | きれいな 예쁜 | きれいなので 예쁘니까 |
| 동사 기본형 | 行(い)く 가다 | 行(い)くので 갈 테니까 |
| 부정의 ない | 行(い)かない 가지 않다 | 行(い)かないので 가지 않을 테니까 |
| 과거의 た | 行(い)った 갔다 | 行(い)ったので 갔으니까 |

⇒ 명사 뒤에 ので가 올 때는 やすみだので가 아니라 やすみなので가 됩니다.

## 평가 테스트

다음 문장을 해석하세요.

1. だれにも 言わないで ください。
   ----------------------------------------.

2. ケータイは 使わないで ください。
   ----------------------------------------.

3. けんかしないで ください。
   ----------------------------------------.

빈칸에 알맞은 말을 넣으세요.

4. ドアを _____。 문을 열지 마세요.

5. たばこを _____。 담배를 피우지 마세요.

6. 電話 _____。 전화하지 말아주세요.

다음 문장을 일본어로 만드세요.

7. 파일을 저장하지 말아주세요. (파일 ファイル, 저장하다 保存する)
   ---------------------------------------- 。

8. 술 마시고 운전하지 마세요.
   ---------------------------------------- 。

9. 두 번 다시 만나지 마세요. (두 번 다시 二度と)
   ---------------------------------------- 。

---

1. 아무한테도 말하지 마세요  2. 휴대전화는 사용하지 마세요  3. 싸우지 마세요  4. 開(あ)けないで ください
5. すわないで ください  6. しないで ください  7. ファイルを 保存(ほぞん)しないで ください
8. お酒(さけ)を のんで 運転(うんてん)しないで ください  9. 二度(にど)と 会(あ)わないで ください

# 물고기 [魚]

게

▶ かに [蟹]
카니

참치

▶ まぐろ [鮪]
마구로

고등어

▶ さば [鯖]
사바

금붕어

▶ きんぎょ [金魚]
킹교

문어

▶ たこ [蛸]
타꼬

오징어

▶ いか [烏賊]
이까

새우

▶ えび [海老]
에비

# 그림 단어

광어
▶ ひらめ [平目]
히라메

상어
▶ さめ [鮫]
사메

연어
▶ さけ [鮭]
사께

잉어
▶ こい [鯉]
코이

바다가재
▶ ロブスター [lobster]
로브스따-

정어리
▶ いわし [鰯]
이와시

굴
▶ かき [牡蠣]
카끼

# Day 21
## 駅の 前で 友だちに 会った。

**기본 표현**  동사 과거 た형(반말)

もう にもつを 送った。  이미 짐을 보냈어.
모- 니모쯔오 오꿋따

えきの 前で 友だちに 会った。  역 앞에서 친구를 만났어.
에끼노 마에데 토모다찌니 앗따

交番で 道を 聞いた。  파출소에서 길을 물었다.
코-반데 미찌오 키이따

飼って いた 魚が 死んだ。
캇떼 이따 사까나가 신다
기르고 있던 물고기가 죽었다.

レストランで トンカツを 食べた。  레스토랑에서 돈까스를 먹었다.
레스토란데 톤까쯔오 타베따

未来に ついて 考えた。  미래에 관해서 생각했어.
미라이니 츠이떼 캉가에따

こわれた とけいを 直さなかった。  고장난 시계를 고치지 않았다.
코와레따 토께-오 나오사나깟따

きょうは 一時間も れんしゅうしなかった。  오늘은 1시간도 연습하지 않았다.
쿄-와 이찌지깜모 렌슈-시나깟따

### 새로운 단어

荷物(にもつ) 짐
送(おく)る 보내다, 부치다
交番(こうばん) 파출소
道(みち) 길
飼(か)う (동물을)기르다
魚(さかな) 물고기

未来(みらい) 미래
~に ついて ~에 관하여
壊(こわ)れる 부서지다, 고장나다
時計(とけい) 시계
直(なお)す 고치다
練習(れんしゅう)する 연습하다

# Day 21

- **友(とも)だちに 会(あ)った。**

  '친구를 만났다'라고 하면 '를'은 일어로 으레 'を'라고 생각하기 쉽지만 'に'라고 하는 점에 주목해야 합니다. 그래서 시험에도 잘 나옵니다.

  **참고** ~に 会う와 ~と 会う

  - **~に 会う**(~을/를 만나다) : 우연히, 일방적으로 만나게 된 느낌
  - **~と 会う**(~와/과 만나다) : 서로 약속한 장소에 가서 만났다는 느낌

  ⇒ 두 표현은 미묘한 뉘앙스의 차이가 있지만 바꿔서 사용해도 틀린 표현은 아닙니다.

  예) 偶然 道で 友だちに 会った。 우연히 길에서 친구를 만났다.
  約束の 場所で 友だちと 会った。 약속장소에서 친구와 만났다.

- **交番(こうばん)で 道(みち)を 聞(き)いた。**

  聞く라는 동사는 2가지 뜻이 있습니다. '묻다'와 '듣다'입니다.

- **未来(みらい)に ついて 考(かんが)えた。**

  ~に ついて는 '~에 관하여'라고 해석하는 것이 좋습니다. 왜냐하면 '~에 대하여'는 ~に 対(たい)して인데 아래와 같이 다른 뜻입니다. 즉, '~를 상대하여' '~를 향하여'라고 바꿔 말할 수 있습니다.

  예) 北朝鮮 対応に ついては 政府に 対して 協力を 惜しまない。
  북한 대응에 관해서는 정부에 대해 협력을 아끼지 않겠다.
  親に 対して、なぜか 冷たく しちゃう 自分が 嫌です。
  부모에 대해 왠지 차갑게 행동하는 내 자신이 싫습니다.

# Day 21

 동사 た(だ)형의 여러 가지 활용

## ★ 동사+た(だ)형 활용하기

동사+た(だ)는 '~했다'라는 의미의 동사의 과거형입니다. 동사+て형의 활용법과 같습니다.

| 그룹 | 변화 형태 | 동사 기본형 | | 동사+た형 |
|---|---|---|---|---|
| 1그룹 동사 | う<br>つ → っ+た<br>る | 言う 말하다<br>待つ 기다리다<br>ある 있다 | → | 言った 말했다<br>待った 기다렸다<br>あった 있었다 |
| | ぬ<br>ぶ → ん+だ<br>む | 死ぬ 죽다<br>遊ぶ 놀다<br>読む 읽다 | → | 死んだ 죽었다<br>遊んだ 놀았다<br>読んだ 읽었다 |
| | く → い+た<br>ぐ → い+だ | 書く 쓰다<br>泳ぐ 헤엄치다 | → | 書いた 썼다<br>泳いだ 헤엄쳤다 |
| | す → し+た | 話す 이야기하다 | → | 話した 이야기했다 |
| 2그룹 동사 | い・え단 + る<br>→ る삭제 + た | 見る 보다<br>食べる 먹다 | → | 見た 봤다<br>食べた 먹었다 |
| 3그룹 동사 | 불규칙 | する 하다<br>来る 오다 | → | した 했다<br>来た 왔다 |

❖ 예외 1그룹 동사 : 형태는 2그룹 동사인데 1그룹 동사의 활용을 하는 동사

| 예외<br>1그룹 동사 | る → っ+た | 帰る 돌아가다<br>切る 자르다<br>入る 들어가다<br>要る 필요하다<br>走る 달리다 | → | 帰った 돌아갔다<br>切った 잘랐다<br>入った 들어갔다<br>要った 필요했다<br>走った 달렸다 |
|---|---|---|---|---|

## 응용 회화

A: 昨日 彼女と けんかしちゃった。
키노- 카노죠또 켕까시짯따

B: なぜ けんかしたの？
나제 켕까시따노

A: 彼女が 約束の 時間に 一時間も おくれたから。
카노죠가 야꾸소꾸노 지깐니 이찌지깜모 오꾸레따까라

B: そんな ことで けんかしたの？ 仲直りした？
손나 코또데 켕까시따노          나까나오리시따

A: いや。まだ。きょう 電話する。
이야   마다   쿄- 뎅와스루

A: 어제 여자 친구랑 싸우고 말았어.
B: 왜 싸웠어?
A: 그녀가 약속 시간에 1시간이나 늦어서.
B: 그런 일로 싸웠어? 화해했어?
A: 아니. 아직. 오늘 전화할거야.

**새로운 단어**

～ちゃう(～て しまう) ～해버리다, ～하고 말다
約束(やくそく) 약속
遅(おく)れる (정해진 날짜나 시간에)늦다, 지각하다
そんな 그런
仲直(なかなお)り 화해

# Day 21

 해설

- **…けんかしちゃった。**
  してしまう(해버리다, 하고 말다)의 구어체는 しちゃう가 되고 그 과거형이 しちゃった입니다.

- **종조사 の**
  종조사 の는 여성들이 주로 쓰며 '～(이에)요, ～거야, ～이니' 등의 뜻입니다.

  예  いま 行(い)くの？ 지금 갈거니?
      わたし 結婚(けっこん)するの。 나 결혼해.

- **きょう 電話(でんわ)する。**
  여기의 する는 기본형이지만 현재가 아니라 미래를 나타냅니다. 그래서 "오늘 전화할 거야."라는 뜻이 됩니다.

### 電車内(でんしゃない)の 携帯電話(けいたいでんわ)の マナー
### 전철 속의 휴대전화 매너

일본의 전철 속에서는 기본적으로 휴대전화를 매너모드로 해두어야 합니다. 우리나라의 노약자석에 해당하는 優先席(ゆうせんせき)(우선석) 근처에서는 전원을 꺼두라는 포스터도 쉽게 볼 수 있습니다. 우리나라에서처럼 벨소리가 울리거나 큰 소리로 통화하는 일은 거의 없으니 조심합시다!

## 평가 테스트

**다음 문장을 해석하세요.**

1. きのう はは に 電話した。

    _____ .

2. 3時間ぐらい ゲームを した。

    _____ .

3. アメリカの 生活にも なれた。

    _____ .

**빈칸에 알맞은 말을 넣으세요.**

4. 日本から 友だちが _____ 。 일본에서 친구가 놀러 왔다.

5. Eメールを _____ 。 E메일을 보냈다.

6. 髪の毛を _____ 。 머리카락을 짧게 잘랐다.

**다음 문장을 일본어로 만드세요.**

7. 옆집 할아버지가 돌아가셨다. (옆집 隣, 돌아가시다 亡くなる)

    _____ 。

8. 혼자서 산에 올라갔다. (산 山, 올라가다 のぼる)

    _____ 。

9. 새 노트북을 샀다. (노트북 ノートパソコン)

    _____ 。

 정답

| | | | |
|---|---|---|---|
| 1. 어제 엄마한테 전화했다 | 2. 3시간정도 게임을 했다 | 3. 미국생활에도 익숙해졌다 | 4. あそびに 来(き)た |
| 5. 送(おく)った | 6. 短(みじか)く 切(き)った | 7. 隣(となり)の おじいさんが 亡(な)くなった | |
| 8. 一人(ひとり)で 山(やま)に のぼった | | 9. 新(あたら)しい ノートパソコンを 買(か)った | |

## 꽃 [はな 花]

장미
▶ ばら [薔薇]
바라

해바라기
▶ ひまわり [向日葵]
히마와리

백합
▶ ゆり [百合]
유리

나팔꽃
▶ あさがお [朝顔]
아사가오

국화
▶ きく [菊]
키꾸

민들레
▶ たんぽぽ [蒲公英]
탐뽀뽀

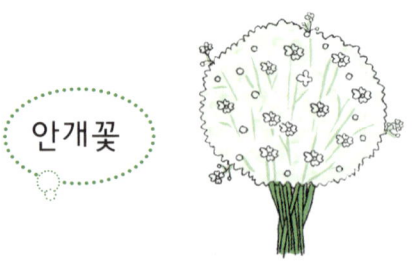

안개꽃
▶ かすみそう [霞草]
카스미소-

그림 단어

튤립
▶ チューリップ [tulip]
츄-립뿌

코스모스
▶ コスモス [cosmos]
코스모스

난초
▶ らん [蘭]
랑

진달래
▶ つつじ [躑躅]
츠쯔지

제비꽃
▶ すみれ [菫]
스미레

붓꽃
▶ あやめ [菖蒲]
아야메

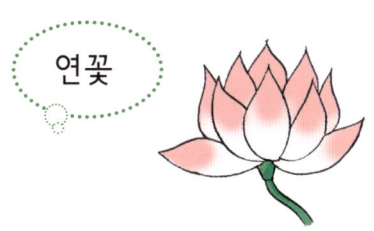
연꽃
▶ はす [蓮]
하스

선인장
▶ さぼてん [(스) sapoten]
사보뗑

# Day 22
## 負けて 悔しかった。

**기본 표현** — い형용사의 과거형

あの 日は 人が 少なかった。 그 날은 사람이 적었어.
아노 히와 히또가 스꾸나깟따

公演は すごく よかった。 공연은 엄청 좋았어.
코-엥와 스고꾸 요깟따

試合に まけて 悔しかった。 시합에 져서 분했어.
시아이니 마께떼 쿠야시깟따

ちょっと 辛かったです。 조금 매웠어요.
춋또 카라깟따데스

今週は ずっと 忙しかったです。 이번 주는 계속 바빴습니다.
콘슈-와 즛또 이소가시깟따데스

初デートは あんまり たのしく なかった。
하쯔데-또와 암마리 타노시꾸 나깟따
첫 데이트는 그다지 즐겁지 않았어.

その レストランは そんなに まずくは なかったです。
소노 레스또랑와 손나니 마즈꾸와 나깟따데스
그 레스토랑은 그렇게 맛없지는 않았어요.

| | |
|---|---|
| 日(ひ) 날 / 해 | 今週(こんしゅう) 이번 주 |
| 少(すく)ない 적다 | ずっと 계속 |
| 公演(こうえん) 공연 | 初(はつ) 첫, 처음 |
| 試合(しあい) 시합 | デート 데이트(date) |
| 負(ま)ける 지다, 패배하다 | そんなに 그렇게, 그토록 |
| 悔(くや)しい 분하다, 억울하다 | まずい 맛없다 |

## 해설

● ちょっと 辛(から)かったです。

ちょっと는 '조금, 약간, 잠깐, 언뜻' 등의 뜻으로 빈번히 사용되는 부사입니다. 별 의미 없이 사용되기도 합니다.

● ずっと 계속, 줄곧, 내내

오랫동안 계속되는 모양을 나타냅니다.

예) きのうから ずっと 頭(あたま)が いたい。 어제부터 계속 머리가 아프다.

● 初(はつ)를 붙여서 만드는 말

예) 初恋(はつこい) 첫사랑 / 初耳(はつみみ) 금시초문 / 初雪(はつゆき) 첫눈

## い형용사 과거와 과거부정

### ★ い형용사 과거(かった)・과거부정(く なかった)

い형용사의 과거형 '~ㅆ습니다'는 끝자리 い를 かった로 고치면 됩니다. 또한 과거부정 '~이 아니었습니다'는 い형용사의 부정 ~く ない의 끝자리 い를 かった로 고치면 됩니다. 정중하게 말하려면 여기에 です를 붙입니다.

|  | 현재 | 과거 | 과거부정 |
| --- | --- | --- | --- |
| 보통 | おいしい 맛있다 | おいしかった 맛있었다 | おいしく なかった 맛있지 않았다 |
| 정중 | おいしいです 맛있습니다 | おいしかったです 맛있었습니다 | おいしく なかったです 맛있지 않았습니다 |

⇒ 예외) いい의 과거형은 よかった, 과거부정형은 よくなかった 입니다.

## 응용 회화

A: 昨日の 合コン どうでしたか？
키노-노 고-꽁 도-데시따까

B: 料理も おいしかったし、雰囲気も よくて 楽しかったです。
료-리모 오이시깟따시　　　훙이끼모 요꾸떼 타노시깟따데스

A: それで、かっこういい 人 いたんですか。
소레데　　칵꼬-이- 히또 이딴데스까

B: ええ、みんな かっこうよかったんです。
에-　　민나 칵꼬-요깟딴데스

A: うらやましいですね。
우라야마시-데스네

A : 어제 미팅은 어땠어요?
B : 요리도 맛있었고 분위기도 좋아서 즐거웠어요.
A : 그래서 멋있는 사람 있었어요?
B : 네, 전부 멋있었어요.
A : 부럽네요.

合(ごう)コン(合同[ごうどう]company의 준말) 단체 미팅
うまい 맛있다[주로 남자가 사용. 여성은 おいしい라고 한다], 솜씨가 좋다
雰囲気(ふんいき) 분위기
それで 그래서
格好(かっこう)いい 스타일이 좋다, 멋지다
うらやましい 부럽다

# Day 22

 해설

● ~し ~하고

~し는 어떤 상태를 나열할 때 쓰입니다. 동사·い형용사·な형용사 기본형, 명사+だ의 뒤에 연결합니다.

| 동사 + し | 食(た)べるし 먹고 |
|---|---|
| い형용사 + し | おいしいし 맛있고 |
| な형용사 + し | 静(しず)かだし 조용하고 |
| 명사+だ + し | 本(ほん)だし 책이고 |

예) 父(ちち)は テレビを 見(み)て いるし、母(はは)は 本(ほん)を 読(よ)んで います。
아버지는 TV를 보고 있고 어머니는 책을 읽고 있습니다.

● かっこうよかったんです。

いい(좋다)가 과거형이 되면 よかった가 됩니다. 왜냐하면 보통 회화에선 '좋다'는 표현으로 いい를 쓰지만 원래 형태는 よい이기 때문입니다. 참고로 부사로 하면 よく(좋게, 잘)가 됩니다.

### メアド (메아도) - 메일주소

우리나라의 경우 휴대전화 번호만 알면 문자메시지도 전화도 마음대로 할 수 있지만 일본은 그렇지 않답니다. 물론 통신사가 같은 경우엔 전화번호로도 짧은 메시지를 보낼 수 있지만 회사가 다를 경우엔 e메일처럼 메일주소를 통해 메시지를 보내야 합니다. 그것이 바로 メアド(메일주소)! メールアドレス(mail address)의 줄임말이에요. 그냥 メアド라고 하면 휴대폰 메일주소를 말하는 경우가 많아요. 일본에서는 마음에 드는 이성이 있을 때 직접 전화번호를 묻는 것 보다는 メアド를 묻는 것이 성공 확률이 높다고 합니다.

# 자연 [自然<ruby>しぜん</ruby>]

산

▶ やま [山]
야마

숲

▶ もり [森]
모리

골짜기
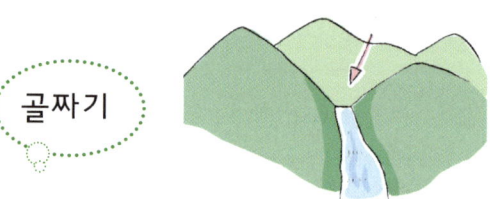
▶ たに [谷]
타니

강

▶ かわ [川]
카와

개울

▶ おがわ [小川]
오가와

들

▶ のはら [野原]
노하라

바위

▶ いわ [岩]
이와

그림 단어

언덕, 고개

▶ おか [丘]
오까

절벽

▶ がけ [崖]
가께

호수

▶ みずうみ [湖]
미즈우미

화산

▶ かざん [火山]
카장

폭포
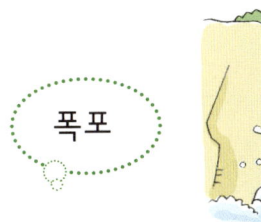
▶ たき [滝]
타끼

사막

▶ さばく [砂漠]
사바꾸

동굴

▶ どうくつ [洞窟]
도-꾸쯔

# 평가 테스트

### 다음 문장을 해석하세요.

1. えいがは すごく おもしろかった。
   _____

2. 彼女は 背が 高くて うらやましかった。
   _____

3. その レストランの 料理は おいしくなかったです。
   _____

### 빈칸에 알맞은 말을 넣으세요.

4. さいきん ずっと _____。  최근에 계속 바빴습니다.

5. しけんに 落ちて _____。  시험에 떨어져서 분했어.

6. 風が つよくて _____。  바람이 세서 좀 추웠어.

### 다음 문장을 일본어로 만드세요.

7. 오늘 데이트는 즐거웠어요.
   _____

8. 새끼 고양이가 귀여웠어. (새끼 고양이 子猫)
   _____

9. 따뜻해서 기분 좋았어. (기분 좋다 気持ちいい)
   _____

---

| | | |
|---|---|---|
| 1. 영화는 아주 재있었어 | 2. 그 여자는 키가 커서 부러웠어 | 3. 그 레스토랑의 요리는 맛있지 않았습니다 |
| 4. 忙(いそが)しかったです | 5. 悔(くや)しかった | 6. ちょっと 寒(さむ)かった |
| 7. きょうの デートは 楽(たの)しかったです | 8. 子猫(こねこ)が かわいかった | 9. あたたかくて 気持(きも)ちよかった |

# Day 23

## 渋谷の 街は にぎやかだった。

**기본 표현** — な형용사의 과거형

先週の テストは かんたんだった。 저번 주 시험은 쉬웠어.
센슈-노 테스또와 칸딴닷따

ひっこしは たいへんだった。 이사는 힘들었어.
힉꼬시와 타이헨닷따

渋谷の 街は にぎやかだった。
시부야노 마찌와 니기야까닷따
시부야의 거리는 번화했다.

その 子は かわいそうでした。 그 애는 불쌍했어요.
소노 코와 카와이소-데시따

弟の フンブは やさしかったが、
兄の ノルブは いじわるでした。
오또-또노 훔부와 야사시깟따가 아니노 노루부와 이지와루데시따
동생 흥부는 착했지만 형 놀부는 심술궂었습니다.

何も 変じゃ なかった。 아무것도 이상하지 않았어.
나니모 헨쟈 나깟따

彼は すてきな 人じゃ ありませんでした。 그는 멋진 사람이 아니었어요.
카레와 스테끼나 히또쟈 아리마센데시따

先週(せんしゅう) 저번 주
簡単(かんたん)だ 간단하다, 쉽다
引(ひ)っ越(こ)し 이사
渋谷(しぶや) 시부야, 도쿄의 번화가
街(まち) 거리
賑(にぎ)やかだ 번화하다, 떠들썩하다
可哀想(かわいそう)だ 불쌍하다, 가엾다

フンブ 흥부, 〈흥부전〉의 주인공
ノルブ 놀부, 흥부의 형
意地悪(いじわる)だ 심술궂다
何(なに)も 아무것도
変(へん)だ 이상하다
素敵(すてき)だ 멋지다, 훌륭하다

 な형용사 과거와 과거부정

### ★ な형용사 과거(だった)・과거부정(じゃ なかった)

な형용사의 과거형 '~ㅆ습니다'는 끝자리 だ를 だった로 고치면 됩니다. 또한 과거부정 '~이 아니었습니다'는 な형용사의 부정 ~じゃ (では) ない의 끝자리 い를 かった로 고쳐 ~じゃ (では) なかった라고 하면 됩니다. 정중하게 말하려면 ~だった의 경우 ~でした로, ~じゃ (では) なかった의 경우 ~じゃ なかったです나 ~では ありませんでした라고 합니다.

|  | 현재 | 과거 | 과거부정 |
| --- | --- | --- | --- |
| 보통 | しずかだ 조용하다 | しずかだった 조용했다 | しずかじゃ なかった<br>조용하지 않았다 |
| 정중 | しずかです 조용합니다 | しずかでした 조용했습니다 | しずかでは ありませんでした<br>しずかじゃ なかったです<br>조용하지 않았습니다 |

## 응용 회화

女 : 花火大会は どうだったの？
하나비 타이까이와 도-닷따노

男 : とても きれいだったよ。
토떼모 키레-닷따요

女 : 人が 多くて たいへんじゃ なかった？
히또가 오-꾸떼 타이헨쟈 나깟따

男 : 歩くのが たいへんだったけど、楽しかった。
아루꾸노가 타이헨닷따께도　　　타노시깟따

女 : 불꽃놀이는 어땠어?
男 : 아주 멋졌어.
女 : 사람이 많아서 힘들지 않았어?
男 : 걷는 것이 힘들었지만 재미있었어.

花火大会(はなびたいかい) 불꽃놀이 축제
多(おお)い 많다
歩(ある)く 걷다
けど(けれども의 준말) ~이지만

## 해설

● …どうだったの？ …어땠어?

상대방의 의견을 묻는 표현으로는 다음과 같다. 뒤로 갈수록 정중한 표현입니다.

> どう？ (어때?) → どうですか。(어때요?) →
> いかがですか。(어떻습니까?) → いかがでしょうか。(어떠신지요?)

# Day 23

## ●～けど ~이지만

문장 끝에 오는 ～けど는 '~이지만, ~(이기는)하지만'이라는 뜻의 접속조사입니다. けれども를 줄여 편하게 말할 때는 けれど나 けど라고 하는 것이지요. 앞에서 배운 ～が와 같은 의미이지만 ～が는 문서에 쓸 때나 격식을 갖춰 말할 때, ～けど는 일상 회화에서 많이 쓰는 표현입니다. 동사·い형용사·な형용사 기본형, 명사+だ의 뒤에 연결합니다.

| 동사 + けど | 食べたけど 먹었지만 |
|---|---|
| い형용사 + けど | おいしいけど 맛있지만 |
| な형용사 + けど | 静かだけど 조용하지만 |
| 명사+だ + けど | 本だけど 책이지만 |

예) 小さいけど、けっこう高いです。 작지만 꽤 비쌉니다.

### 花火大会(はなびたいかい) 불꽃축제

일본에서는 매년 여름 7월과 8월 경 전국에서 하나비 대회(불꽃축제)가 열립니다. 가족, 친구, 연인들끼리 유카타(기모노와 비슷한 아주 간편한 옷)를 차려입고 전국 곳곳의 바다와 호수, 강가에서 열리는 다양한 불꽃축제를 즐깁니다. 가장 이름난 하나비 대회 중 하나인 도쿄의 스미다가와(隅田川) 하나비는 약 2만발의 불꽃이 발사되며 참가인원이 90만 명에 달할 정도로 대규모입니다. 일본인들이 '여름' 하면 하나비를 먼저 떠올릴 정도로 일본의 대표적인 여름밤의 이벤트입니다.

## 평가 테스트

🐟 다음 문장을 해석하세요.

1. きょうは 何か 変だった。
   ----------------------------------- .

2. 今回の テストは かんたんだった。 (今回 이번)
   ----------------------------------- .

3. とても すてきな 所でした。
   ----------------------------------- .

🐟 빈칸에 알맞은 말을 넣으세요.

4. 教室は _____ 。  교실은 조용하지 않았습니다.

5. そぼは _____ 。  할머니는 건강하셨어요.

6. あの 店の 店員は _____ 。  저 가게 점원은 친절했다.

🐟 다음 문장을 일본어로 만드세요.

7. 수험공부는 힘들었다. (수험공부 受験勉強)
   ----------------------------------- 。

8. 불꽃놀이는 아주 아름다웠습니다.
   ----------------------------------- 。

9. 성실한 학생이었어.
   ----------------------------------- 。

 정답

1. 오늘은 뭔가 이상했다   2. 이번 시험은 쉬웠어   3. 아주 멋진 곳이었어요   4. しずかじゃ ありませんでした
5. 元気(げんき)でした   6. 親切(しんせつ)だった   7. 受験勉強(じゅけんべんきょう)は 大変(たいへん)だった
8. 花火(はなび)は とても きれいでした   9. まじめな 学生(がくせい)だった

# 색 [色 いろ]

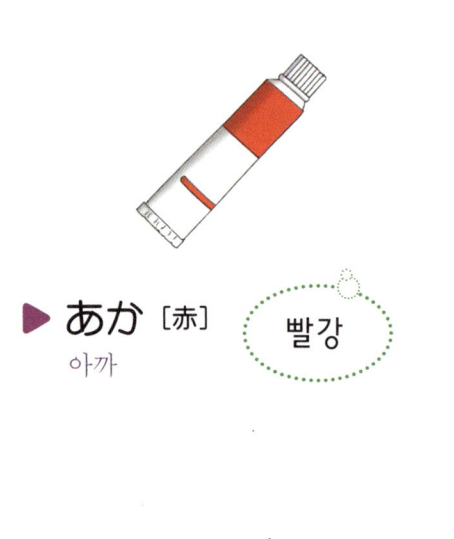

▶ **あか** [赤] 　　빨강
　あか

▶ **オレンジ** [orange] 　주황
　오렌지

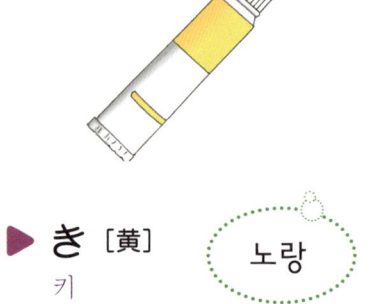

▶ **き** [黄] 　　노랑
　키

▶ **みどり** [緑] 　초록
　미도리

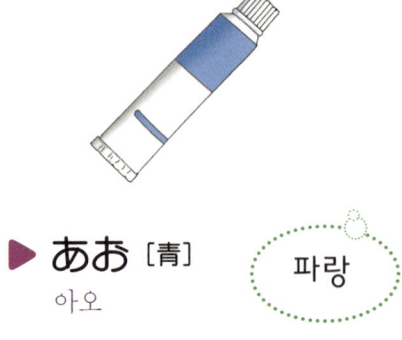

▶ **あお** [青] 　　파랑
　아오

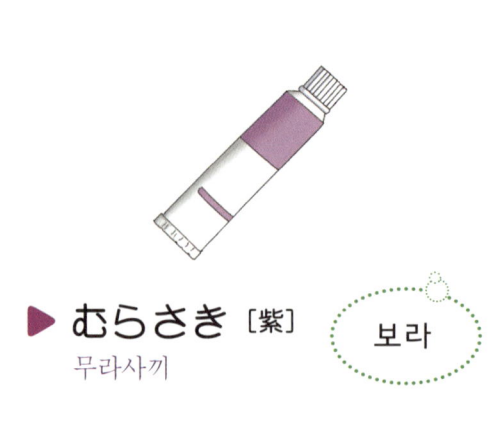

▶ **むらさき** [紫] 　보라
　무라사끼

그림 단어

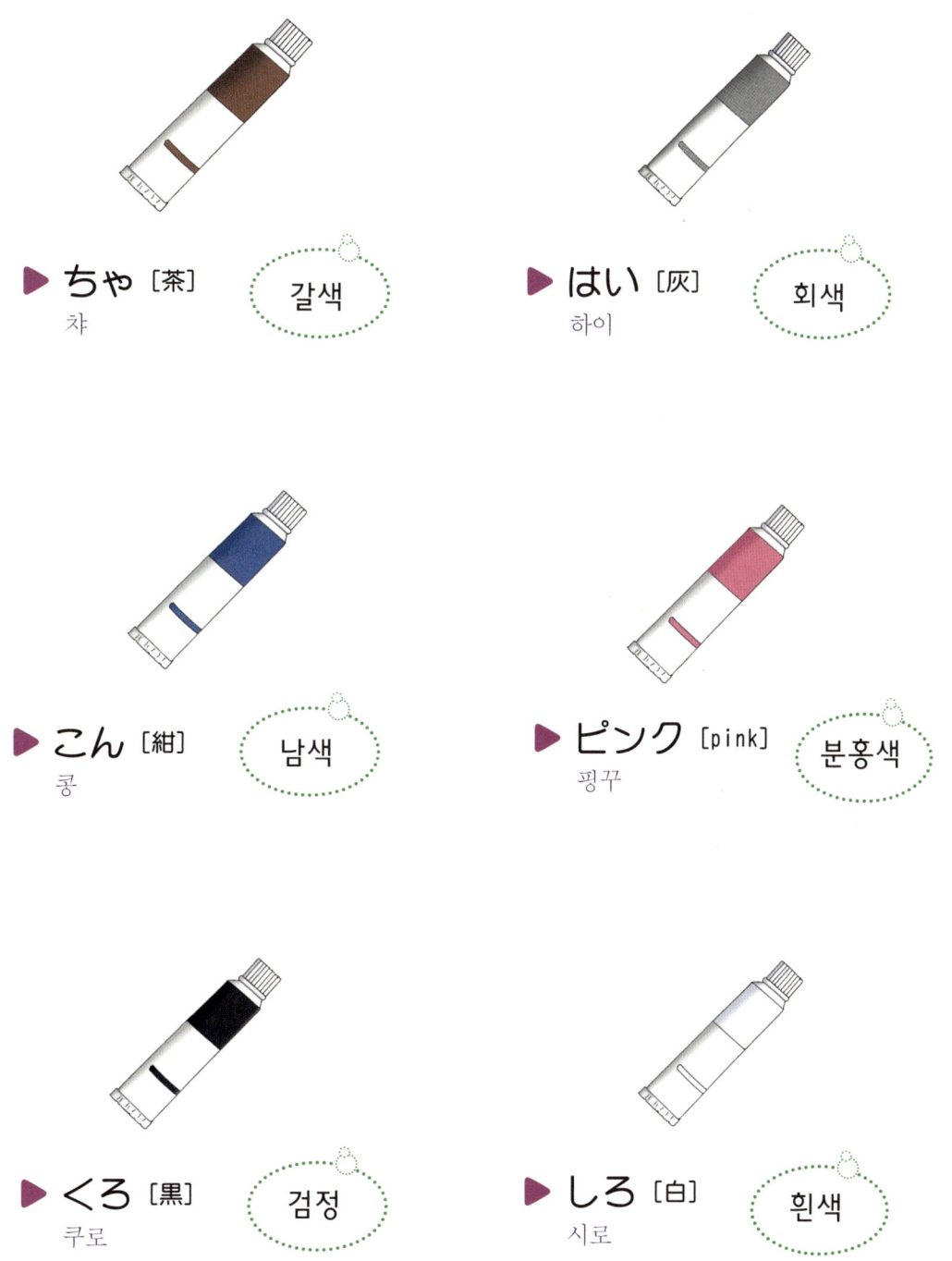

▶ ちゃ [茶]　갈색
　 챠

▶ はい [灰]　회색
　 하이

▶ こん [紺]　남색
　 콩

▶ ピンク [pink]　분홍색
　 핑꾸

▶ くろ [黒]　검정
　 쿠로

▶ しろ [白]　흰색
　 시로

# Day 24
## 韓国ドラマが 好きです。

**기본 표현**  좋다/싫다, 잘하다/못하다

韓国ドラマが 好きです。
캉꼬꾸도라마가 스끼데스
한국 드라마를 좋아합니다.

あなたの ことが 大好きです。
아나따노 코또가 다이스끼데스
당신을 아주 좋아합니다.

ぼくは 勉強が きらいだった。
보꾸와 벵꾜-가 키라이닷따
나는 공부를 싫어했다.

本当に 日本語が 上手ですね。
혼또-니 니홍고가 죠-즈데스네
정말 일본어를 잘하시네요.

彼は テニスが 下手じゃ なかった。
카레와 테니스가 헤따쟈 나깟따
그는 테니스가 서투르지 않았어.

わたしは 英語で 話すのが 苦手です。
와따시와 에-고데 하나스노가 니가떼데스
나는 영어로 이야기하는 것이 서툽니다.

ドラマ 드라마(drama)
好(す)きだ 좋아하다
大好(だいす)きだ 아주 좋아하다
勉強(べんきょう) 공부
嫌(きら)いだ 싫어하다

本当(ほんとう)に 정말로
上手(じょうず)だ 잘하다, 능숙하다
テニス 테니스(tennis)
下手(へた)だ 못하다, 서투르다
苦手(にがて)だ 거북하다, 서투르다

- 조사 が는 원래 '~이(가)'라는 뜻을 가지고 있는데 '~을/를'로 해석되는 경우가 있습니다. 좋아하고 싫어함, 잘하고 못함을 나타내는 な형용사 앞에는 '~을/를'로 해석되지만 조사 を가 아닌 が를 사용해야 합니다. 이것이 바로 일본어다운 표현입니다.

| | | |
|---|---|---|
| ~が 好きだ ~을/를 좋아하다 | → | みかんが 好きだ。 귤을 좋아한다. |
| ~が 嫌いだ ~을/를 싫어하다 | → | へびが 嫌いだ。 뱀을 싫어한다. |
| ~が 上手だ ~을/를 잘하다 | → | 英語が 上手だ。 영어에 능숙하다. |
| ~が 下手だ ~을/를 못하다 | → | うたが 下手だ。 노래에 서투르다. |
| ~が 得意だ ~을/를 잘하다 | → | 料理が 得意だ。 요리에 자신있다. |
| ~が 苦手だ ~을/를 못하다 | → | 運動が 苦手だ。 운동에 서툴러 싫어하다. |

- あなたの ことが 大好(だいす)きです。
  大好(だいす)き는 好(す)き에 '大'자를 붙여 강조한 말로 '아주 좋아한다'는 뜻입니다. 그냥 あなたが라고 하는 것 보다 こと를 넣어 말하면 그 사람의 모든 것을 포함해서 좋아한다는 뉘앙스가 되므로 더 확실한 의미를 부여합니다. 고백할 때 자주 쓰는 말이므로 외워둡시다!

- 동사+の는 '~하는 것'이라는 뜻입니다. '~하는 것을 좋아합니다'라고 말하고 싶으면 동사+のが 好(す)きです。라고 하면 되겠죠? 동사+の 대신에 동사+こと를 써도 됩니다.
  예 歌うのが 好きです。 노래하는 것을 좋아합니다.
     歌が 好きです。 노래를 좋아합니다.

- '~을/를 잘한다(~가 능숙하다)'는 일본어로 ~が 上手(じょうず)だ라고 하며 반대로 '~을/를 못한다(~가 서투르다)'는 ~が 下手(へた)だ라고 합니다.

- 上手(じょうず)・下手(へた)와 비슷한 말로 得意(とくい)(능숙함)와 苦手(にがて)(서투름)이 있습니다. 上手는 객관적으로 '어떤 기술이나 솜씨가 뛰어나다' 는 뉘앙스가 있어서 남을 칭찬할 때 쓰고 자신에게는 쓰지 않습니다. 반면 得意는 주관적으로 '경험이 많아서 능숙하고 가장 자신 있다' 는 뉘앙스가 있어서 타인은 물론 자기에게도 잘 씁니다.

  예 あの 学生は 数学が 得意です。 저 학생은 수학을 잘 합니다.
  わたしは 中国語が 苦手です。 저는 중국어가 서투릅니다.
  あまり 得意では ありません。 그다지 잘 하지는 못합니다.

- 일본인과 대화를 나누다 보면 日本語(にほんご)が 上手(じょうず)ですね라는 칭찬을 듣게 됩니다. 하지만 외국인이 일본어를 말하는 것을 신기해하는 일본인들의 사교상의 칭찬일 경우가 많으니 그대로 받아들이지 않는 것이 좋습니다. 대답은 겸손하게 「いいえ、まだ下手(へた)です。(아니요, 아직 서툽니다)」나 「いいえ、まだまだです。(아니요, 아직 멀었습니다)」라고 합시다.

### メールアドレスの 読(よ)み方(かた) - 메일주소 읽는 법

vitamin@hotmail.com
　　　　アットマーク ホットメール ドット コム

알파벳을 읽을 때 유의할 발음
F(エフ)　L(エル)　M(エム)　N(エヌ)　R(アール)　W(ダブリュウー)　Z(ゼット)

* 일본 휴대폰회사 별 메일주소
au → @ezweb.ne.jp　　DOCOMO → @docomo.ne.jp　　SoftBank → @softbank.ne.jp

## 응용 회화

A: 松本さんは 料理が できますか。
마쯔모또상와 료-리가 데끼마스까

B: ええ、料理は 得意なんです。
에-　료-리와 토꾸이난데스

A: へえ、そうだったんですか。
헤-　소-닷딴데스까

B: パクさんは？ 料理が できますか。
파꾸상와　　료-리가 데끼마스까

A: ええ、でも 少ししか できません。
에-　데모 스꼬시시까 데끼마셍

料理するのが あまり 好きじゃ ないです。
료-리스루노가 아마리 스끼쟈 나이데스

A : 마츠모토 씨는 요리를 할 수 있어요?
B : 네, 요리는 잘해요.
A : 오, 그래요?
B : 박 씨는요? 요리 할 수 있어요?
A : 네, 하지만 조금밖에 못해요.
　　요리하는 것을 별로 좋아하지 않아요.

松本(まつもと) 마츠모토, 일본인의 성
できる 할 수 있다
得意(とくい)だ 잘하다
～しか ～밖에, ～뿐

## 해설

● **できる** ~할 수 있다, 생기다

できる는 '~할 수 있다'라는 뜻으로 앞에 조사 が와 함께 사용합니다. 이 외에도 '생기다'나 '다 되다' 등의 뜻도 가지고 있습니다.

예) わたしは 運転が できます。 나는 운전을 할 수 있습니다.
新しい 友だちが できました。 새 친구가 생겼습니다.
用意が できました。 준비가 되었습니다.

● **동사 기본형+ことが できます** ~할 수 있습니다

예) ゴルフを する ことが できます。 골프를 칠 수 있습니다.
ゴルフが できます。 골프를 칠 수 있습니다.

● **~のです(~んです)** 인 것입니다

~です(입니다)보다 좀 더 강조해서 말할 때 사용하며 주로 상대방이 모르는 일을 설명할 때나 상대방의 말을 듣고 자신이 납득했을 경우 쓰는 말입니다. ~のです는 일상회화에서 발음하기 쉽게 ~んです로 말합니다. 동사나 い형용사의 경우는 기본형에 바로 연결하며, な형용사의 경우 끝소리 だ를 な로 바꾸고 ~の(ん)です를, 명사의 경우 な를 붙이고 ~の(ん)です를 연결하면 됩니다.

예) 食べる    →    食べるんです 먹는 것입니다 / 먹습니다
やすい    →    やすいんです 싼 거예요 / 쌉니다
元気だ    →    元気なんです 꽤 건강해요
雨        →    雨なんです 비가 오는 군요

● **少(すこ)ししか できません。**

~しか는 '그것 뿐'이라는 뜻으로 반드시 부정하는 말이 뒤에 와야 합니다.

예) 二人しか いません。 <O> 두 사람밖에 없습니다.
二人しか います。 <X> 두 사람밖에 있습니다.

# 평가 테스트

🐟 다음 문장을 해석하세요.

1. ドライブするのが 大好きです。

    _____.

2. わたしは 数学が 得意だった。

    _____.

3. 英語で 話すのが 苦手です。

    _____.

🐟 다음 대화를 완성하세요.

4. A : パクさんは _____。 박 씨는 운전할 수 있어요?

5. B : ええ、でも _____。 네, 그런데 그다지 잘 하지는 못해요.

🐟 다음 문장을 일본어로 만드세요.

6. 요리를 잘하시네요.

    _____。

7. 일본어는 조금 밖에 못합니다.

    _____。

8. 드라마를 보는 것을 좋아한다.

    _____。

---

1. 드라이브하는 것을 아주 좋아합니다    2. 나는 수학에 자신있었다    3. 영어로 말하는 것이 서투르다
4. 運転(うんてん)이 できますか    5. 上手(じょうず)じゃ ありません    6. 料理(りょうり)が 上手(じょうず)ですね
7. 日本語(にほんご)は 少(すこ)ししか できません    8. ドラマを 見(み)るのが 好(す)きだ

# 반대말 1 [反対語 1]

▶ いい [良い] ⇔ わるい [悪い]
　이-　　　　　　　와루이

▶ たかい [高い] ⇔ ひくい [低い]
　타까이　　　　　　히꾸이

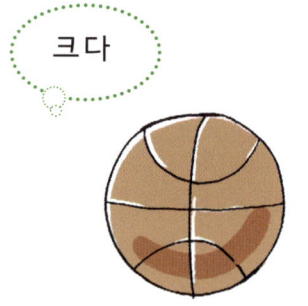 

▶ おおきい [大きい] ⇔ ちいさい [小さい]
　오-끼이　　　　　　　치-사이

▶ きれいだ [奇麗だ] ⇔ きたない [汚い]
　키레-다　　　　　　　　키따나이

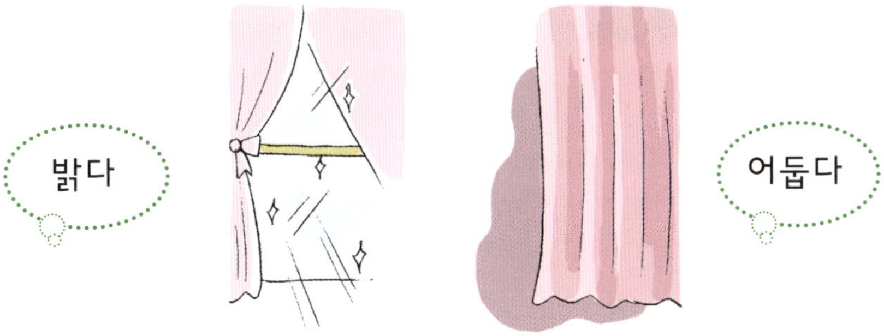

## 그림 단어

밝다 / 어둡다

▶ **あかるい** [明るい] ⇔ **くらい** [暗い]
아까루이 쿠라이

가볍다 / 무겁다

▶ **かるい** [軽い] ⇔ **おもい** [重い]
카루이 오모이

넓다 / 좁다

▶ **ひろい** [広い] ⇔ **せまい** [狭い]
히로이 세마이

새로운 / 낡은

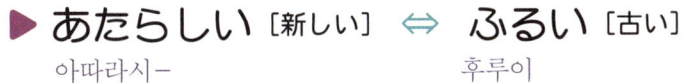

▶ **あたらしい** [新しい] ⇔ **ふるい** [古い]
아따라시― 후루이

# Day 25

## 野球と サッカーと どちらが 好きです か。

**기본 표현** 비교표현

タクシーと 地下鉄と どちらが 速いですか。
택시와 지하철 어느 쪽이 빠릅니까?

タクシーより 地下鉄の 方が 速いです。
택시보다 지하철 쪽이 빠릅니다.

野球と サッカーと どちらが 好きですか。
야구와 축구 어느 쪽을 좋아하세요?

サッカーの 方が 好きです。
축구를 더 좋아해요.

果物の 中で 何が いちばん 好きですか。
과일 중에서 무엇을 제일 좋아하세요?

いちごが いちばん 好きです。
딸기를 제일 좋아해요.

スカーフと ネクタイと ハンカチの 中で どれが いちばん 高いですか。
스카프와 넥타이와 손수건 중에 어느 것이 제일 비싼가요?

スカーフが いちばん 高いです。
스카프가 제일 비싸요.

# Day 25

タクシー 택시(taxi)
地下鉄(ちかてつ) 지하철
速(はや)い (동작, 속도가)빠르다
~方(ほう) ~쪽, 편
野球(やきゅう) 야구

一番(いちばん) 가장, 제일
いちご 딸기
スカーフ 스카프(scarf)
ネクタイ 넥타이(necktie)
ハンカチ 손수건(handkerchief)

サッカー 축구(soccer)　　　　　　　どれ (셋 이상의 것 중) 어느 것
果物(くだもの) 과일

- **早(はや)い・速(はや)い 빠르다**

  早(はや)い와 速(はや)い는 둘 다 '빠르다'라는 뜻을 갖고 있습니다. 그러나 早(はや)い의 경우 시간이나 시기가 빠른 경우에 쓰며 速(はや)い는 속도가 빠른 경우에 씁니다.

  예) ねるには まだ 早(はや)い。 자기에는 아직 이르다.
  　　速(はや)い スピードで 走(はし)って 来(き)ます。 빠른 속도로 달려옵니다.

- **~と ~と どちらが ~ですか。 ~와 ~와 어느 쪽이 ~합니까?**

  두 가지를 비교할 때 쓰는 표현입니다.

  예) みかんと バナナと どちらが 安(やす)いですか。 귤과 바나나 어느 쪽이 쌉니까?

- **~より ~の 方(ほう)が ~です。 ~보다 ~쪽이 ~합니다.**

  두 가지 중 하나를 골라 답할 때 쓰는 표현입니다. '양쪽 다(어느 쪽도) ~합니다'라고 할 때는 どちらも~です라고 대답할 수 있습니다.

  예) みかんの 方(ほう)が 安(やす)いです。 귤 쪽이 쌉니다.
  　　どちらも 大事(だいじ)です。 어느 쪽도 중요합니다.

- **~の 中(なか)で ~が いちばん ~ですか。 ~중에서 ~이 가장 ~합니까?**

  세 가지 이상을 비교해서 물어 볼 때 쓰는 표현입니다. 이 때 눈앞에 있는 것을 구체적으로 예를 들어 물을 경우 どれ를, 어느 분야의 것을 물을 때는 何(なに)를 씁니다.

  예) テニスと スキーと 卓球(たっきゅう)の 中(なか)で どれが いちばん 好(す)きですか。
  　　테니스랑 스키랑 탁구 중에 어느 것을 제일 좋아하세요?

## 응용 회화

スポーツの 中で 何が いちばん 好きですか。
스포츠 중에서 무엇을 제일 좋아하세요?

女: 英語と 中国語と どっちが むずかしいの？

男: ぼくは 中国語の 方が むずかしいな。

女: そうなの？わたしは 英語の 方が むずかしいけど。

男: 中国語は あんまり 好きじゃ ないよ。
漢字が 苦手だから。

女 : 영어와 중국어 어느 쪽이 어려워?
男 : 나는 중국어가 더 어려워.
女 : 그래? 난 영어가 더 어려운데.
男 : 중국어는 그다지 좋아하지 않아. 한자를 못하거든.

### 새로운 단어

難(むずか)しい 어렵다
あんまり 그다지(あまり의 강조형)
漢字(かんじ) 한자

## 평가 테스트

### 다음 문장을 해석하세요.

1. バスと 電車と どっちが 早いですか。

   ------------------------------------------- ?

2. スカーフと ネクタイと どちらが 安いですか。

   ------------------------------------------- ?

3. どちらも 大事です。

   ------------------------------------------- .

### 다음 대화를 완성하세요.

4. A : 英語と 日本語と _____ 。 영어와 일본어 어느 쪽을 잘합니까?

5. B : _____ 得意です。 일본어를 더 잘합니다.

### 다음 문장을 일본어로 만드세요.

6. 야구와 축구 어느 쪽을 좋아하세요?

   ------------------------------------------- 。

7. 계절 중에 가을을 제일 좋아해요.

   ------------------------------------------- 。

8. 동물 중에 뭐가 제일 강합니까?

   ------------------------------------------- 。

---

1. 버스랑 전철 어느 쪽이 빠릅니까  2. 스카프랑 넥타이 어느 쪽이 쌉니까  3. 어느 쪽도 중요합니다
4. どちら(どっち)が 得意(とくい)ですか  5. 日本語(にほんご)の 方(ほう)が
6. 野球(やきゅう)と サッカーと どちらが 好(す)きですか  7. 季節(きせつ)の 中(なか)で 秋(あき)が いちばん 好(す)きです
8. 動物(どうぶつ)の 中(なか)で 何(なに)が いちばん 強(つよ)いですか

## 반대말 2 [反対語 2]

빠르다 / 느리다

▶ **はやい** [速い] ⇔ **おそい** [遅い]
하야이 　　　　　　　오소이

많다 / 적다

▶ **おおい** [多い] ⇔ **すくない** [少ない]
오-이 　　　　　　　스꾸나이

기쁘다 / 슬프다

▶ **うれしい** [嬉しい] ⇔ **かなしい** [悲しい]
우레시- 　　　　　　　카나시-

좋아하다 / 싫어하다

▶ **すきだ** [好きだ] ⇔ **きらいだ** [嫌いだ]
스끼다 　　　　　　　키라이다

## 그림 단어

아름답다

추하다

▶ **うつくしい** [美しい] ⇔ **みにくい** [醜い]
우쯔꾸시- 　　　　　　　　　미니꾸이

길다   짧다

▶ **ながい** [長い] ⇔ **みじかい** [短い]
나가이 　　　　　　　　미지까이

화려하다

수수하다

▶ **はでだ** [派手だ] ⇔ **じみだ** [地味だ]
하데다 　　　　　　　　지미다

부자   가난뱅이

▶ **かねもち** [金持ち] ⇔ **びんぼうにん** [貧乏人]
카네모찌 　　　　　　　　　　빔보-닝

# Day 26
## 芸能人に なりたいです。

**기본 표현**  자신의 경험과 희망 말하기

芸能人に なりたいです。
연예인이 되고 싶어요.

シンデレラも お城の パーティーへ
行きたいです。
신데렐라도 궁전의 파티에 가고 싶습니다.

今の 仕事を やめたく ないです。
지금 하는 일을 그만두고 싶지 않아요.

自分の 車が ほしいです。
내 차를 갖고 싶어요.

ずっと そばに いて ほしいです。
계속 곁에 있어줬으면 좋겠어요.

1年間 パリに 住んだ ことが あります。
1년간 파리에 산 적이 있어요.

芸者を 見た ことが ありません。
게이샤를 본 적이 없습니다.

# Day 26

芸能人(げいのうじん) 연예인
~に なる ~이(가) 되다
~たい ~하고 싶다 [희망]
シンデレラ 신데렐라(Cinderella)
(お)城(しろ) 성, 궁전
パーティー 파티(party)
辞(や)める 그만두다, 사직하다

~たく ない ~하고 싶지 않다
~が ほしい ~을(를) 갖고 싶다, ~을(를) 원하다
自分(じぶん) 자기 자신
~て ほしい ~해 주었으면 한다, ~하기 바라다
パリ 파리(Paris), 프랑스의 수도
~た ことが あります ~한 적이 있습니다

● ~たい ~하고 싶다 / ~たく ない ~하고 싶지 않다

어떠한 동작이 하고 싶다는 자신의 희망을 나타내는 표현으로 동사 ます형+たい를 씁니다. たい는 い로 끝나므로 い형용사와 같은 활용을 합니다. 따라서 부정 표현은 たく ない(~하고 싶지 않다)입니다.

|  | 기본형 | ~たい ~하고 싶다 | ~たく ない ~하고 싶지 않다 |
|---|---|---|---|
| 보통 | 行く 가다 | 行きたい 가고 싶다 | 行きたく ない 가고 싶지 않다 |
| 정중 | 行きます 갑니다 | 行きたいです 가고 싶습니다 | 行きたく ないです<br>行きたく ありません<br>가고 싶지 않습니다 |

● ~が ほしい ~이(가) 갖고 싶다, ~을(를) 원하다

자신이 무언가를 갖고 싶거나 원한다는 표현으로 명사+が ほしい를 씁니다. 조사 を가 아니라 が를 쓰는 것에 주의합시다. い형용사이므로 부정 표현은 ほしく ない라고 하면 됩니다.

예  あの 香水(こうすい)が ほしいです。 저 향수를 갖고 싶어요.
　　何(なに)も ほしく ないです。 아무것도 원하지 않아요.

● ~て ほしい ~해 주었으면 한다, ~하기 바라다

상대방 혹은 제3자가 어떤 행동을 해 주기를 바란다는 소망을 나타낼 때 동사+て ほしい를 씁니다.

예  理解(りかい)して ほしいです。 이해해 줬으면 좋겠어요.
　　はっきり 言(い)って ほしいです。 확실히 말해주기를 바랍니다.

# Day 26

● ～た ことが ありますか ~한 적이 있습니까?

전에 어떤 경험이나 체험을 한 적이 있는지 물어볼 때 동사 과거형(た형)+ことが ありますか라고 합니다. 경험이 있을 때는 はい、～た ことが あります(예, ~한 적이 있습니다), 경험이 없을 때는 いいえ、～た ことが ありません(아니오, ~한 적이 없습니다)이라고 대답하면 됩니다.

예 日本人(にほんじん)と 話(はな)した ことが ありますか。 일본인과 얘기한 적이 있나요?

はい、話(はな)した ことが あります。 네, 얘기한 적이 있어요.

いいえ、まだ 話(はな)した ことが ありません。 아니오, 아직 얘기한 적이 없어요.

### ニート(니-또) - 니트족(NEET)

Not in Education, Employment or Training의 앞 글자를 따서 만든 말입니다. 학교에 다니지 않으면서 아르바이트도 하지 않고 취업훈련도 받지 않는 사람을 가리킵니다. 일본에서는 예전부터 정식직장을 구하지 않고 아르바이트만으로 생활하는 프리터족(フリーター)이 사회 문제가 되었는데 지금은 니트족이 문제시 되고 있어요. 니트족의 경우 취업에 대한 의욕이 전혀 없기 때문에 일할 의지는 있지만 일자리를 구하지 못하는 실업자와는 다릅니다.

## 응용 회화

女: 日本へ 行った ことが ありますか。

男: いいえ、まだです。旅行に 行くために バイトを してます。

女: どこか 行きたい ところは ありますか。

男: 大阪に 行って、たこやきを 食べて みたいです。

女: あ、いいですね。わたしも 食べたいです。

女: 일본에 가본 적이 있어요?
男: 아뇨, 아직 없어요. 여행 가려고 아르바이트를 하고 있어요.
女: 어딘가 가고 싶은 곳은 있어요?
男: 오사카에 가서 타코야키를 먹어보고 싶어요.
女: 그거 좋네요. 저도 먹고 싶어요.

ために ~하기 위해서, ~때문에
所(ところ) 곳, 장소
たこ焼(や)き 타코야키 (삶은 문어를 잘게 썰어 밀가루 반죽을 하여 탁구공만 한 크기로 구운 일본의 길거리 음식)
~て みる ~해 보다

## 해설

● 旅行(りょこう)に 行(い)くために バイトを してます。

여기서 ために는 '~하기 위해'라는 뜻으로 목적을 나타낼 때 씁니다. '~때문에'라는 뜻으로 원인을 나타낼 때 쓸 때도 있습니다. 동사 기본형에, 명사+の 뒤에 연결합니다.

● ~て みる ~해 보다

동사 て형에 みる를 붙이면 '~해 보다'라는 뜻이 됩니다. 결과가 어떻게 될지 잘 모르지만 한번 시도해 본다는 의미입니다. 이 みる는 '보다'라고 해석되지만 '눈으로 본다'는 뜻이 아니라 '시도하다'라는 뜻이기 때문에 ひらがな로 표기합니다.

예 買(か)って みる 사 보다
見(み)て みる 봐 보다
して みる 해 보다

## 평가 테스트

### 다음 문장을 해석하세요.

1. 車は ほしく ないです。

   ------------------------------------------------ .

2. もっと いい デジカメが ほしい。

   ------------------------------------------------ .

3. ゴルフを した ことが ありますか。

   ------------------------------------------------ ?

### 다음 대화를 완성하세요.

4. A : プレゼントは _____ ? 선물은 뭐를 갖고 싶어?

5. B : _____ 。 새 CD를 갖고 싶어.

### 다음 문장을 일본어로 만드세요.

6. 가수가 되고 싶어요.

   ------------------------------------------------ 。

7. 일을 그만두고 싶지 않습니다.

   ------------------------------------------------ 。

8. 나를 위해 피아노를 쳐줬으면 좋겠어. (피아노를 치다 ピアノを 弾く)

   ------------------------------------------------ 。

9. 스키를 타본 적이 있나요? (스키를 타다 スキーを する)

   ------------------------------------------------ 。

---

1. 자동차는 갖고 싶지 않아요   2. 더 좋은 디카를 갖고 싶어   3. 골프를 친 적이 있습니까   4. 何(なに)が ほしい
5. 新(あたら)しい CDが ほしいです   6. 歌手(かしゅ)に なりたいです   7. 仕事(しごと)を やめたく ないです
8. わたしの ために ピアノを 弾(ひ)いて ほしい   9. スキーを した ことが ありますか

# 질병 [病気]

감기
▶ かぜ [風邪]
카제

재채기
▶ くしゃみ [緑]
쿠샤미

기침
▶ せき [咳]
세끼

독감
▶ インフルエンザ [influenza]
잉후루엔자

두통
▶ ずつう [頭痛]
즈쯔ー

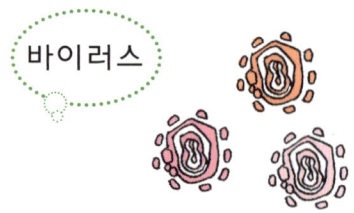
바이러스
▶ ウイルス [virus]
우이루스

알레르기
▶ アレルギー [(독)Allergie]
아레루기ー

그림 단어

열
▶ ねつ [熱]
네쯔

오한
▶ さむけ [寒気]
사무께

상처
▶ きず [傷]
키즈

화상
▶ やけど [火傷]
야께도

코피
▶ はなぢ [鼻血]
하나지

구역질
▶ はきけ [吐き気]
하끼께

혈압
▶ けつあつ [血圧]
케쯔아쯔

# Day 27 いっしょに 飲みに 行きませんか。

**기본 표현**  의지・권유표현

もっと がんばろう。
좀 더 힘내야지.

たまには いっしょに 帰ろう。
가끔은 함께 돌아가자.

卒業後、就職しようと 思って います。
졸업 후, 취직하려고 생각하고 있어요.

9時に えいがかんで 会いましょう。  9시에 영화관에서 만나요.

ちょっと 休みましょうか。  잠시 쉴까요?

いっしょに 飲みに 行きませんか。
같이 한 잔 하러 가지 않을래요?

カフェーで お茶でも しませんか。
카페에서 차라도 마시지 않겠어요?

**새로운 단어**

~(よ)う ~해야지, ~하자
たまに 가끔
卒業(そつぎょう) 졸업
就職(しゅうしょく) 취직
~(よ)うと 思(おも)う ~하려고 생각하다

~ましょう ~합시다
~ましょうか ~할까요?
~ませんか ~하지 않을래요?
カフェー 카페(cafe)
お茶(ちゃ) 차 (茶(ちゃ)의 공손한 말)

## 해설

● **의지·권유 표현 (よ)う ~해야지, ~하자**

'~해야지' 하고 자신의 의지를 나타낼 때나 '~하자' 하고 상대방에게 권유할 때 쓰는 표현입니다. 정중하게 말할 때는 ましょう를 씁니다.

| 그룹 | 변화 형태 | 동사 기본형 | | 의지·권유 표현 |
|---|---|---|---|---|
| 1그룹 동사 | 어미 ウ단 → オ단+う | 行く 가다 | → | 行こう 가야지, 가자 |
| 2그룹 동사 | 어미 없애고 + よう | 見る 보다 | → | 見よう 봐야지, 보자 |
| 3그룹 동사 | 불규칙 | する 하다<br>来る 오다 | → | しよう 해야지, 하자<br>来よう 와야지, 오자 |

⇒ 주의) オ단 뒤의 う발음은 장음이 되므로 길게 발음해야 한다는 점 잊지 마세요!

예) よし、がんばろう。 아자, 힘내자! (의지)

いっしょに あそぼう。 같이 놀자. (권유)

● **~(よ)う + と 思っています ~하려고 합니다**

예) 将来、教授に なろうと 思って います。 장래에 교수가 되려고 합니다.
富士山に のぼろうと 思って います。 후지산에 오르려고 합니다.

● **~ませんか・~ましょうか・~ましょう 뉘앙스 따라잡기**

일본어에서 상대방에게 권유를 할 때 먼저 ~ませんか로 상대방의 의사를 묻고 나서 YES라고 대답을 듣고 난 후 ~ましょうか를 사용하는 것이 좋습니다.

- **~ませんか** ~하지 않을래요?
  함께하자고 제의하는 경우에 상대의 대답을 모르는 상태에서 정중하게 묻는 말
- **~ましょうか** ~할까요?
  상대방의 의사를 알고 있거나 미리 약속이 되어있는 경우에 함께 어떤 것을 시작하기 전 그 동작을 재촉하는 표현
- **~ましょう** ~합시다
  ~ませんか의 제의에 동의하거나 적극적으로 제안함

예 A : いっしょに 飲みに 行きませんか。 같이 마시러 가지 않을래요?
B : いいですよ。向こうの 店は どうですか。 좋아요. 건너편 가게는 어때요?
A : あ、いいですね。行きましょうか。 아, 좋네요. 가실까요?
B : 行きましょう。 갑시다.

● **お茶(ちゃ)でも しませんか**는 '차라도 한 잔 마시지 않을래요?'라고 상대방에게 권유할 때 쓰는 표현입니다. 데이트 신청할 때도 많이 쓰므로 외워두면 좋겠죠? 여기서 でも는 가볍게 제시하는 표현으로 '～이라도'라는 뜻입니다.

● **존경을 나타내는 お와 ご**

단어 맨 앞에 붙는 お와 ご는 한자로는 御라고 쓰며, 존경의 의미를 담거나 말을 품위 있게 하기 위해 사용합니다. 주로 일본 고유어 앞에는 お, 한자어 앞에는 ご를 사용합니다. 하지만 예외도 있습니다.

― **お를 붙이는 경우**
　　お水 물　　お金 돈　　お願い 부탁　　お手紙 편지

― **ご를 붙이는 경우**
　　ご家族 가족　　ご実家 본가, 친정　　ご心配 걱정　　ご遠慮 사양　　ご飯 밥

― **항상 お를 붙여 한 단어처럼 사용하는 경우**
　　おかず 반찬　　お中 사람의 배　　おまけ 덤으로 주는 상품　　おにぎり 주먹밥

― **일상생활에서 한자라는 의식 없이 사용해서 한자숙어라도 お를 쓰는 경우**
　　お弁当 도시락　　お約束 약속　　お食事 식사　　お勉強 공부

## 응용 회화

A: マルマルデパートの 冬(ふゆ)バーゲンは あしたからだよね。

B: ええ、あした 行(い)く つもりですけど、
もし ひまなら いっしょに 行(い)きませんか。

A: いいよ。仕事(しごと)が 終(お)わった あと、ここで 会(あ)わない？

B: ええ、そう しましょう。

> A : 마루마루 백화점 겨울 세일은 내일부터지?
> B : 네, 내일 가려고 하는데 혹시 한가하면 같이 가지 않을래요?
> A : 좋아. 일이 끝난 후 여기서 만나지 않을래?
> B : 네, 그렇게 합시다.

### 새로운 단어

デパート 백화점(department store)
冬(ふゆ) 겨울
バーゲン(バーゲンセール의 준말) 바겐세일(bargain sale)
つもり ~할 생각(예정)
もし 혹시, 만약
暇(ひま)だ 한가하다
~なら ~이면, ~하다면
~た 後(あと)で ~한 후에

# Day 27

## 해설

### ● つもり와 予定(よてい) ~할 생각, ~할 예정

つもり와 予定(よてい)는 둘 다 앞으로의 예정을 나타내는 표현입니다. 하지만 조금 뉘앙스가 다르니 잘 구별해서 씁시다.

- **つもり** : 어떤 일을 하려고 혼자 결심을 하고 있지만 구체적인 계획은 정해지지 않음
- **予定(よてい)** : 미리 구체적인 계획이 정해짐, 특히 공식적인 일정이 많음

예) 来週 帰国する つもりです。 다음 주 귀국할 예정입니다. (확정 안 된 경우)
　　妹は 来年 大学を 卒業する 予定です。 여동생은 내년에 대학을 졸업할 예정입니다.

### ● ~た 後(あと)で ~한 후에

동사 과거형 た형에 後(あと)で를 붙이면 '~한 후에'라는 뜻이 됩니다. 반대로 '~하기 전에'라고 하려면 동사 기본형에 前(まえ)に를 붙이면 됩니다.

예) ごはんを 食べた 後で くすりを 飲みます。 밥을 먹은 후에 약을 먹습니다.
　　学校が おわった 後、バイトを します。 학교가 끝난 후에 아르바이트를 합니다.

---

### バーゲン・セール (bargain sale) 바겐세일

일본은 여름과 겨울에 대대적인 바겐세일을 합니다. 보통 여름세일(夏(なつ)バーゲン)은 7월 초, 겨울세일(冬(ふゆ)バーゲン)은 1월 초에 시작되는데, 기본적으로 30~50%, 많게는 70%이상 세일을 하는 곳도 있습니다. 특히 신정에는 백화점이나 상점에서 한정으로 판매하는 후쿠부쿠로(福袋(ふくぶくろ))를 사기 위해 이른 아침부터 줄서서 기다리기도 합니다. 후쿠부쿠로란 우리말로 '복주머니' 란 뜻으로 여러 가지 상품을 넣어 파는 주머니를 말해요. 뭐가 들어있는지 보고 살 수는 없지만 가격의 3~10배에 달하는 상품이 들어있기 때문에 절대 손해는 보지 않는다고 하네요.

## 평가 테스트

다음 문장을 해석하세요.

1. 体に いい ものを 食べよう。

   ------------------------------------- .

2. もし ひまなら いっしょに 見ない?

   ------------------------------------- ?

3. ちょっと 休みましょう。

   ------------------------------------- .

다음 대화를 완성하세요.

4. A : いっしょに ----------------------。 같이 한 잔 하러 가지 않을래요?

5. B : ------------。 ------------------。 좋습니다. 갑시다.

다음 문장을 일본어로 만드세요.

6. 오늘에야말로 다이어트 해야지. (다이어트 ダイエット)

   ------------------------------------- 。

7. 저랑 사진을 찍지 않을래요? (사진을 찍다 写真を 撮る)

   ------------------------------------- 。

8. 회의는 3시에 시작될 예정입니다. (회의 会議, 시작되다 始まる)

   ------------------------------------- 。

1. 몸에 좋은 것을 먹어야지(먹자)  2. 혹시 한가하면 같이 보지 않을래  3. 좀 쉽시다  4. のみに 行(い)きませんか
5. いいですよ, 行(い)きましょう  6. きょうこそ ダイエットしよう  7. わたし(ぼく)と 写真(しゃしん) 撮(と)りませんか
8. 会議(かいぎ)は 3時(さんじ)に 始(はじ)まる 予定(よてい)です

# 직업 1 [職業 1]
しょくぎょう

선생님

▶ せんせい [先生]
센세—

교수

▶ きょうじゅ [教授]
쿄—쥬

운동선수

▶ うんどうせんしゅ [運動選手]
운도—센슈

간호사

의사

▶ いしゃ [医者]
이샤

▶ かんごし [看護師]
캉고시

요리사

경찰관

▶ コック [(네)kok]
콕꾸

▶ けいさつ [警察]
케—사쯔

그림 단어

연예인

▶ げいのうじん [芸能人]
게-노-징

배우

▶ はいゆう [俳優]
하이유-

모델

▶ モデル [model]
모데루

가수

▶ かしゅ [歌手]
카슈

감독

▶ かんとく [監督]
칸또꾸

변호사

▶ べんごし [弁護士]
벵고시

항공승무원

▶ きゃくしつじょうむいん [客室乗務員]
캬꾸시쯔죠-무잉

# Day 28

## 宝<ruby>た<rt></rt></ruby>くじに 当<ruby>あ<rt></rt></ruby>たったら、何<ruby>なん<rt></rt></ruby>でも おごるよ。

**기본 표현**　가정표현、제안하기

練習<ruby>れんしゅう</ruby>すれば 上手<ruby>じょうず</ruby>に なります。
연습하면 잘하게 될 거예요.

今度<ruby>こんど</ruby>の 土曜日<ruby>どようび</ruby>なら 大丈夫<ruby>だいじょうぶ</ruby>です。
이번 토요일이라면 괜찮습니다.

宝<ruby>たから</ruby>くじに 当<ruby>あ</ruby>たったら、何<ruby>なん</ruby>でも おごるよ。
복권에 당첨되면 뭐든지 쏠게.

ボタンを 押<ruby>お</ruby>すと ダウンロード できます。
버튼을 누르면 다운로드 됩니다.

ちゃんと 薬<ruby>くすり</ruby>を 飲<ruby>の</ruby>んだ 方<ruby>ほう</ruby>が いいですよ。
제대로 약을 먹는 것이 좋아요.

たばこは 止<ruby>や</ruby>めた 方<ruby>ほう</ruby>が いい。
담배는 끊는 게 좋아.

お風呂<ruby>ふろ</ruby>に 入<ruby>はい</ruby>らない 方<ruby>ほう</ruby>が いいですよ。
목욕을 하지 않는 편이 좋아요.

### 새로운 단어

~ば ~하면, ~라면
今度(こんど) 이번
~なら ~할거면, ~에 대해서라면
宝(たから)くじ 복권
当(あ)たる 맞다, 당첨되다
~たら ~라면, ~하면
奢(おご)る 한턱내다
ボタン 단추, 버튼(button)

押(お)す 밀다, 누르다
ダウンロード 다운로드(download)
ちゃんと 확실하게, 틀림없이
薬(くすり) 약
~た(だ) 方(ほう)が いい ~하는 편이 좋다
お風呂(ふろ)に 入(はい)る 목욕을 하다
~ない 方(ほう)が いい ~하지 않는 편이 좋다

## 해설

- 今度(こんど)는 '이번' 이란 뜻이지만 경우에 따라서는 '다음번' 이란 의미로 쓰기도 하므로 문맥에 따라 판단해야 합니다.

  예) 今度の 日曜に デートします。 이번 일요일에 데이트할 거예요.
  また 今度に しよう。 다음 기회에 하자.

- 薬(くすり)を 飲(の)む 약을 먹다

  '약을 먹다'는 일본어로 薬(くすり)を 飲(の)む라고 합니다. 우리말로 약은 '먹는다'지만 일본어에선 飲(の)む(마시다)로 표현하는데 주의합시다. 참고로 '감기에 걸리다'는 風邪(かぜ)を ひく라고 합니다.

  예) A : かぜを ひきました。 감기에 걸렸어요.
  B : 熱が あるから、くすりを 飲んだ 方が いいですよ。
  열이 있으니까 약을 먹는게 좋아요.

- ～た 方(ほう)が いい ~하는 편(쪽)이 좋다

  다른 사람에게 제안이나 조언, 충고를 할 때 쓰는 표현입니다. 동사 과거형(た)에 方(ほう)가 いい를 연결해서 사용합니다. '~하지 않는 편이 좋다' 라고 할 때는 동사 현재형의 부정(ない)에 方(ほう)가 いい를 연결하면 됩니다. 형태는 과거형이지만 의미는 현재나 미래를 뜻합니다.

  예) ぼうしを かぶった 方が いいですよ。 모자를 쓰는 것이 좋아요.
  正直に 話した 方が いいと 思います。 솔직하게 얘기하는 것이 좋다고 생각해요.
  その ことは 話さない 方が いいですよ。 그 일에 대해서는 말하지 않는 것이 좋아요.

- 止(や)める와 止(と)める는 같은 한자를 쓰지만 뜻에 따라 읽는 방법이 다릅니다.

  止(や)める : 그만두다, 끊다, 중지하다
  止(と)める : 멎게하다, 그만두게 하다

  예) けんかを 止める 싸움을 그만두다
  けんかを 止める 싸움을 말리다

# Day 28

 **가정·조건표현**

가정할 때 쓰는 표현은 크게 4가지로 나눌 수 있습니다. 어떤 문장에서는 서로 바꾸어 쓸 수 있지만 각각의 특징이 강한 문장에서는 바꾸어 쓸 수 없는 것도 있으니 각각의 특징을 이해하는 것이 중요하겠죠?

## ❶ ~ば ~하면, ~라면

대표적인 가정표현으로 'A하면(조건) B한다(결과)'는 의미를 갖고 있습니다. 뒤의 문장이 이루어지기 위한 조건을 앞 문장에 나타내는 것이죠. '그렇지 않으면'이라는 뉘앙스가 숨어 있습니다. 예를 들어 '날씨가 좋으면 소풍을 가겠다'는 문장은 '날씨가 좋지 않으면 소풍을 가지 않겠다'는 의도라는 것이죠. 각각의 형태 변화는 다음과 같습니다.

| 그룹 | 변화 형태 | 기본형 | | 가정형 ば |
|---|---|---|---|---|
| 동사 | 어미 ウ단 → エ단 + ば | 行く | → | 行けば |
| い형용사 | 어미 い → ければ | おもしろい | → | おもしろければ |
| な형용사 | 어미 だ → なら(ば) | 好きだ | → | 好きなら(ば) |
| 명사 | 명사 + なら(ば) | 学生 | → | 学生なら(ば) |

⇒ 주의) 불규칙 동사의 경우 する → すれば, 来(く)る → 来(く)れば로 변화
　　　　いい는 よければ로 변화하는 것에 주의!

예　見れば　すぐ　分かりますよ。 보면 금방 알거예요.
　　かわいければ　すべて　オッケーです。 귀여우면 전부 용서 되요.

## ❷ ~なら ~할거면, ~에 대해서라면

어떤 정보를 기초로 'A에 대해서라면 역시 B다'라는 뉘앙스로 쓸 때는 뒤에 판단, 조언, 요구하는 문장이 오며, '~라면'의 뜻으로 한정을 나타내기도 합니다. 「ば」「たら」「と」와는 다르게 자신감을 나타내는 표현이라 친하지 않거나 윗사람에게는 실례가 되는 경우도 있어요. な형용사와 명사+なら의 경우 위에서 설명한 「ば」의 가정법과 같은 뜻으로 사용되기도 합니다. 동사와 い형용사는 기본형에, な형용사는 어간에, 명사는 그대로 なら를 연결합니다.

例 パソコンを 買うなら ビックカメラが いいですよ。
컴퓨터를 살 거라면 빅꾸카메라가 좋아요.
＊ ビックカメラ : 일본에서 여러 체인점을 가진 전자제품 전문매장

わたしなら ぜったい しない。 나라면 절대 안 해.
お酒なら ビールが いちばんです。 술이라면 맥주가 최고죠.

## ❸ ~たら ~라면, ~하면

たら는 과거를 나타내는 た형에 ら를 붙인 것으로 특징이 적이서 사용할 수 있는 범위가 제일 넓습니다. 'A한 후에 B하다' 라는 뜻으로 A를 해야만 B가 성립되는 경우에 たら를 쓰며 상대방에게 정중하고 친절하게 권유나 제안을 할 때 쓰기도 합니다. 동사·い형용사·な형용사는 과거형에 ら를 붙이고, 명사는 だったら를 붙이면 됩니다.

例 やせたら 新しい 洋服を 買おう。 날씬해지면 새 옷을 사야지.
よかったら 食べて ください。 괜찮으시면 드세요.

## ❹ ~と ~하면 (반드시 ~한다)

と는 자연현상이나 원리 등 예측할 수 있는 일, 반드시 일어나는 결과를 말할 때 씁니다. 그래서 불확실한 경우엔 쓸 수 없다는 것이 특징이에요. と 뒤에는 말하는 사람의 의지나 판단, 허가, 명령, 요구 등의 문장이 올 수 없습니다. 동사·い형용사·な형용사의 기본형에, 명사에는 だ를 붙인 후 연결합니다.

例 春に なると 花が 咲きます。 봄이 되면 꽃이 핍니다.
ここに お金を 入れると きっぷが 出ます。 여기에 돈을 넣으면 표가 나옵니다.

## 응용 회화

男 : ここと ここ、どっちが いいと 思いますか。

女 : デートですか。

男 : ええ、もう すぐ 彼女の 誕生日なんです。

女 : デートで 行くなら、こっちの 方が いいと 思いますよ。
この 店、女の 子に 人気が あるんです。

男 : そうですか。

女 : ええ、いつも 人が 多いから、予約を した 方が いいですよ。

男 : 여기랑 여기, 어느 쪽이 더 좋다고 생각해요?
女 : 데이트하세요?
男 : 네, 이제 곧 여자 친구 생일이거든요.
女 : 데이트로 가는 거라면, 이쪽이 더 좋다고 생각해요.
　　이 가게 여자들한테 인기가 많거든요.
男 : 그래요?
女 : 네, 언제나 사람이 많으니까 예약을 하는 편이 좋아요.

# Day 28

もうすぐ 이제 곧
店(みせ) 가게
人気(にんき) 인기
予約(よやく) 예약

- **～と 思(おも)います  ~라고 생각합니다**

  자신의 의견이나 생각을 말할 때 쓰는 표현입니다. 동사·い형용사·な형용사의 기본형에 연결하고 명사의 경우 명사+だ 뒤에 연결합니다.

  예) たぶん 暑(あつ)いと 思(おも)います。 아마 더울 거라고 생각해요.

  たいせつな ひとだと 思(おも)います。 소중한 사람이라고 생각해요.

**地震 지진 · 雷 번개 · 火事 화재 · 親父 아버지**

일본에서는 과거 가장 무서운 것을 꼽으라고 하면 다음 4가지를 말했습니다.

地震(じしん)·雷(かみなり)·火事(かじ)·親父(おやじ)

첫 번째로 나오는 것은 바로 지진입니다. 땅이 흔들리고 집이 무너지므로 이보다 무서운 것은 없겠지요. 그리고 지진 때문인지 집은 모두 나무로 지었기 때문에 마을에 화재가 나면 초토화되기 쉬우므로 밤마다 돌아가며 불조심 당번을 정하고 살았답니다. 그리고 우리나라에서도 아버지는 정말 무서운 존재였죠. 하지만 우리보다 먼저 산업화가 진행된 일본에서 아버지는 더 이상 무서운 존재가 아닙니다. 번개도 그다지 무서워할 필요는 없겠지요. 'かじ'와 'おやじ'에서 じ가 공통이라 자꾸 읽다보면 리듬이 생깁니다. 자꾸 읽어서 단어 4개를 위에 나온 순서대로 외워봅시다.

## 평가 테스트

### 다음 문장을 해석하세요.

1. 安(やす)ければ 買(か)う つもりです。

   ---------------------------------------------------- .

2. めがねを かけない 方(ほう)が かわいい。

   ---------------------------------------------------- .

3. 傘(かさ)を 持(も)って 行(い)った 方(ほう)が いいですよ。

   ---------------------------------------------------- .

### 빈칸에 알맞은 말을 넣으세요.

4. ねつが あるから ---------------。 열이 있으니까 쉬는 것이 좋아요.

5. きょうは ---------------。 오늘은 서늘할 거라고 생각해요.

6. --------------- 参加(さんか)して ください。 괜찮으시다면 참가해 주세요.

### 다음 문장을 일본어로 만드세요.

7. 그녀와 헤어지는 편이 좋아. (헤어지다 別(わか)れる)

   ---------------------------------------------------- 。

8. 수영을 배울 거라면 건너편 헬스장이 싸요. (수영 水泳(すいえい), 헬스장, 체육관 ジム)

   ---------------------------------------------------- 。

9. 돈이 없으면 아무것도 할 수 없다. (と를 써서)

   ---------------------------------------------------- 。

 정답

1. 싸면 살 생각이에요  2. 안경을 쓰지 않는 게 더 귀여워  3. 우산을 가지고 가는 것이 좋아요
4. 休(やす)んだ 方(ほう)が いいですよ  5. 涼(すず)しいと 思(おも)います  6. よかったら(よければ)
7. 彼女(かのじょ)と 別(わか)れた 方(ほう)が いい  8. 水泳(すいえい)を ならうなら 向(む)こうの ジムが やすいですよ
9. お金(かね)が ないと 何(なに)も できない

# 직업 2 [職業 2]

▶ うんてんしゅ [運転手]
운뗀슈

▶ ひしょ [秘書]
히쇼

▶ だいく [大工]
다이꾸

▶ ぐんじん [軍人]
군징

▶ サラリーマン [salaried man]
사라리-망

▶ おんがくか [音楽家]
옹가꾸까

# Day 29

## その ゆびわは 高(たか)そうですね。

**기본 표현** 추측해서 말하기

その ゆびわは 高(たか)そうですね。
그 반지는 비싸 보이네요.

由美(ゆみ)さんは ヨンさまが 好(す)きだそうです。
유미 씨는 욘사마를 좋아한대요.

玄関(げんかん)に だれか 来(き)た みたいです。
현관에 누군가 온 것 같네요.

まるで 花(はな)の ように 美(うつく)しい。
마치 꽃처럼 아름다워.

二人(ふたり)は つきあって いるらしいです。
두 사람은 사귀고 있는 것 같아요.

おまえが 犯人(はんにん)だろう。
네가 범인이지.

たぶん 来(こ)ないでしょう。
아마 오지 않을 거예요.

指輪(ゆびわ) 반지
そうだ ~인 것 같다[양태], ~라고 한다[전문]
玄関(げんかん) 현관
みたいだ ~인 것 같다
~の ようだ ~와 같다[비유]
まるで 마치

花(はな) 꽃
付(つ)き合(あ)う 사귀다, 교제하다
らしい ~인 것 같다
犯人(はんにん) 범인
だろう ~이겠지
たぶん 아마

# Day 29

 추측 표현

## ❶ そうだ ~인 것 같다, ~일 것 같다
(양태 様態: 그 모양과 상태를 보니 '~인 것 같다'는 뜻)

자신의 눈으로 직접 보고 느낀 대로 직감적인 판단을 할 때 씁니다. 동사 ます형, い·な형용사의 어간에 연결합니다.

예) 今にも 雨が 降りそうです。 지금에라도 비가 쏟아질 것 같아요.

참고) 남에게 들은 말을 전할 때 쓰는 そうだ (전문 伝聞) ~라고 하더라, ~라는 것 같다

동사와 い·な형용사는 종지형(문장에서 마지막에 쓰여서 문장을 마칠 수 있게 쓰이는 형태)에, 명사는 だ를 붙인 후에 연결합니다.

| | 기본형 | そうだ(양태) ~일 것 같다 | |
|---|---|---|---|
| | | 긍정 | 부정 |
| 동사 | 降る | 降りそうだ | 降らなさそうだ |
| い형용사 | おいしい | おいしそうだ | おいしく なさそうだ |
| な형용사 | しあわせだ | しあわせそうだ | しあわせでは(じゃ) なさそうだ |

| | 기본형 | そうだ(전문) ~고 한다 | |
|---|---|---|---|
| | | 긍정 | 부정 |
| 동사 | 降る | 降るそうだ | 降らないそうだ |
| い형용사 | おいしい | おいしいそうだ | おいしく ないそうだ |
| な형용사 | しあわせだ | しあわせだそうだ | しあわせでは(じゃ) ないそうだ |
| 명사 | テスト | テストだそうだ | テストでは(じゃ)ないそうだ |

⇒ 주의) **そうだ(양태)** ない → なさそうです, いい → よさそうです, 과거형은 쓸 수 없어요.
　　　　 **そうだ(전문)** 명사+だ에 そうです를 붙입니다.

예) 純子の 話では、まりえちゃんが 離婚したそうよ。
준코의 이야기로는 마리에가 이혼했대.

## ❷ ようだ(みたいだ) ~인 것 같다, ~인 모양이다, ~와 같다(비유)

자신의 몸의 감각을 통해 주관적으로 판단하여 추측할 때 쓰며 비유를 할 때도 쓸 수 있습니다. 동사·い형용사·な형용사의 연체형(명사 앞에서 꾸며주는 형태)에, 명사는 の를 붙인 후 연결합니다. 비슷한 뜻으로 みたいだ가 있는데 주로 글을 쓰기보다는 말을 할 때 사용합니다. みたいだ는 동사와 い형용사는 종지형에, な형용사는 어간에, 명사는 그대로 연결합니다.

|  | 기본형 | ようだ ~인 것 같다 | みたいだ ~인 것 같다 |
|---|---|---|---|
| 동사 | 降る | 降るようだ | 降るみたいだ |
| い형용사 | おいしい | おいしいようだ | おいしいみたいだ |
| な형용사 | しあわせだ | しあわせなようだ | しあわせみたいだ |
| 명사 | テスト | テストのようだ | テストみたいだ |

> 何か 事故が あった よう(みたい)ですね。 뭔가 사고가 있었던 것 같네요.
> まるで 夢の ようだ。 마치 꿈을 꾼 것만 같아.

## ❸ らしい ~인 것 같다, ~같다

다른 사람이나 책, 매스컴 등을 통해 보고 들은 정보에 근거하여 객관적인 판단을 할 때 쓰며, 자신의 책임을 회피하는 뉘앙스가 있습니다. 위의 みたいだ와 같은 형태로 활용합니다.

> この 番組は おもしろいらしいです。 이 프로그램은 재미있다는 것 같아요.
> 明くんの ことが 好きらしいよ。 아키라 군을 좋아하는 듯해.

## ❹ だろう(でしょう) ~이겠지(~이겠지요)

불확실한 추측이나 단정을 할 때 쓰며 だろう를 정중하게 말해서 でしょう라고 합니다. 이때 끝을 내려 읽어야 추측하는 말이 되며, 끝을 올려 읽으면 상대방의 의견을 묻는 말이 되는 것에 주의합시다. 일기예보를 보면 ~でしょう라는 말을 많이 들을 수 있답니다.

> あしたも 晴れる でしょう。 내일도 맑겠지요.

# Day 29

## 응용 회화

女1: 新一くん、うれしそうな 顔を してるね。どうしたんだろう。

女2: よく わからないけど いい ことが あった ようだね。

男: 彼女が できた らしいよ。

女1: へえ、彼女 できたんだ。

女2: いいなぁ。あたしも 恋人が ほしい。

女1 : 신이치고 즐거워 보이는 표정이네. 무슨 일 있었나.
女2 : 잘 모르겠지만 좋은 일이 있었던 것 같네.
男 : 여자 친구가 생긴 것 같아.
女1 : 아, 여자 친구 생겼구나.
女2 : 좋겠다. 나도 애인 갖고 싶어.

### 새로운 단어

分(わ)かる 알다, 이해하다
いいなぁ 좋겠다, 부럽다
恋人(こいびと) 연인, 애인
できる 생기다

## 해설

● 分(わ)かる와 知(し)る

分(わ)かる와 知(し)る는 둘 다 우리말로는 '알다'라고 해석하지만 조금 뉘앙스가 다릅니다. 分(わ)かる는 '의미를 이해하다', 知(し)る는 '지식이나 사실을 알다'라는 뜻입니다. 知(し)る는 항상 知(し)っている(알고 있다)의 형태로 쓰인다는 것에 주의하세요.

예) わたしは 彼の 気持ちが 分(わ)かる。 난 그의 마음을 알아(이해해).
    わたしは 彼の 名前を 知っている。 난 그의 이름을 알고 있어.
    そんな ことは 私も 知ってるよ。 그런 건 나도 안다구!

● 恋人(こいびと)와 愛人(あいじん)

恋人(こいびと)는 우리말의 '애인(사랑하는 사람)'을 말합니다. 愛人(あいじん)은 한자로 '애인'이라 쓰지만 일본에서는 '불륜상대'를 뜻하는 말이니 주의해야 합니다. 자신의 애인을 말할 때 남자 친구는 彼氏(かれし), 여자 친구는 彼女(かのじょ)라고 할 때가 많아요.

### 日本(にほん)の 年号(ねんごう)(元号(げんごう)) - 일본의 연호(원호)

연호는 천황이 즉위한 해에 붙이는 칭호로 일본은 아직도 서기와 연호를 함께 사용합니다. 일본을 여행해 보신 분이라면 전철표에 연호가 찍혀있는 것을 쉽게 보셨을 겁니다. 현재의 연호는 平成(へいせい)이며 2008년은 平成 20년, 2009년은 平成 21년입니다. 젊은 사람들은 수첩에 간략히 연도를 적을 때 昭和는 S, 平成는 H로 적습니다.

| 1868년 ~ 1912년 | 明治(めいじ) |
| 1912년 ~ 1926년 | 大正(たいしょう) |
| 1926년 ~ 1989년 | 昭和(しょうわ) *역대 최장수 천황으로 무려 63년이나! |
| 1989년 ~ 현재 | 平成(へいせい) |

* 계산법 → 昭和는 25, 平成는 88을 더한다.
  예) 昭和 59년 + 25 = 서기 1984년
      平成 18년 + 88 = 서기 2006년

## 평가 테스트

**다음 문장을 해석하세요.**

1. 悲(かな)しそうな 顔(かお)を してますね。
   ------------------------------

2. あの ズボンは ぼくには すこし 小(ちい)さい ようです。
   ------------------------------

3. ソウルは 東京(とうきょう)より 寒(さむ)いらしいよ。
   ------------------------------

**빈칸에 알맞은 말을 넣으세요.**

4. 夜(よる)から 雪(ゆき)が _____。   저녁부터 눈이 내린다고 합니다.

5. あと 5分(ごふん)で _____。   앞으로 5분이면 끝나겠지요.

6. いまにも _____。   지금에라도 망가질 것 같아요. (망가지다 こわれる)

**다음 문장을 일본어로 만드세요.**

7. 마치 꿈만 같아요.
   ------------------------------

8. 아마 괜찮겠지.
   ------------------------------

9. 감기에 걸린 것 같아요. (감기에 걸리다 かぜを 引(ひ)く)
   ------------------------------

1. 슬퍼 보이는 표정을 하고 있네요   2. 저 바지는 나한테는 조금 작을 듯합니다   3. 서울은 도쿄보다 추운가 봐
4. 降(ふ)るそうです   5. 終(お)わるでしょう   6. こわれそうです   7. まるで 夢(ゆめ)のよう(夢(ゆめ)みたい)です
8. たぶん 大丈夫(だいじょうぶ)だろう   9. かぜを 引(ひ)いた よう(みたい)です

# 계절 · 날씨 [季節 · 天気]

봄
▶ はる [春]
　　하루

▶ あたたかい [暖かい] 따뜻하다
　　아따따까이

▶ なつ [夏]　여름
　　나쯔

▶ あつい [暑い] 덥다
　　아쯔이

가을　▶ あき [秋]
　　　　아끼

▶ すずしい [涼しい] 시원하다
　　스즈시ー

▶ ふゆ [冬]　겨울
　　후유

▶ さむい [寒い] 춥다
　　사무이

그림 단어

맑음

▶ はれ [晴れ]
하레

비

▶ あめ [雨]
아메

흐림

▶ くもり [曇り]
쿠모리

바람

▶ かぜ [風]
카제

안개

▶ きり [霧]
키리

천둥

▶ かみなり [雷]
카미나리

# Day 30

## ここに 座っても いいですか。

**기본 표현** 허락·금지·명령하기

ここに 座っても いいですか。
여기 앉아도 될까요?

ケータイを 使っても いいですか。
휴대폰을 써도 될까요?

大きな こえで 叫んでは いけません。
큰 소리로 외쳐서는 안 됩니다.

そんな 言葉を 信じては いけません。
그런 말을 믿어서는 안 됩니다.

手を きれいに 洗いなさい。
손을 깨끗이 씻어라.

かってに さわるな。
함부로 만지지마.

うるさい！静かに しろ！
시끄러워! 조용히 해!

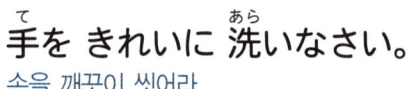

座(すわ)る 앉다
～ても いいですか ～해도 됩니까?
使(つか)う 쓰다, 사용하다
大(おお)きな 큰
声(こえ) 목소리
叫(さけ)ぶ 외치다, 소리 지르다
～ては いけません ～하면 안 됩니다

言葉(ことば) 말, 언어
信(しん)じる 믿다, 신뢰하다
～なさい ～하거라
勝手(かって)に 함부로, 멋대로
触(さわ)る 만지다, 닿다
うるさい 시끄럽다, 귀찮다

## ● ～ても いいですか ~해도 됩니까?

상대방에게 허락을 구할 때 쓰는 표현으로 ～ても かまいませんか(~해도 상관없나요?)라고 할 수도 있습니다. 대답은 허락할 경우 はい、～ても いいです(예, ~해도 됩니다) 또는 ～ても かまいません(~해도 상관없어요)라고 하며, どうぞ(~하세요)라고 상대방에게 권할 수도 있습니다. 허락하지 않을 경우에는 ～から(~이니까)를 써서 이유를 말하며 거절하는 것이 좋아요. 아주 친한 사람에게는 だめ(안 돼)라고 직설적으로 거절하기도 합니다.

> 例 その ペンを 使っても いいですか。 그 펜을 써도 될까요?
> はい、使っても いいですよ。 네, 써도 됩니다.
> すみません、今 使って いるから…。 죄송해요, 지금 쓰고 있어서요…….

## ● ～ては いけません ~해서는(하면) 안 됩니다

정해져 있는 규칙이나 약속에 대해 금지하는 표현입니다. ～ても いいですか(~해도 됩니까?)라는 질문에 대답할 때 사용하기도 합니다. ～ては いけません은 좀 더 편한 말투로 ～ちゃ だめです라고 할 수도 있습니다. 여기서 ～ちゃ는 ～ては를 줄인 형태입니다.

> 例 ここに にもつを おいては いけません。 여기에 짐을 놓으면 안 됩니다.
> ろうかを 走っちゃ だめです。 복도에서 뛰면 안돼요.

 **명령형 만들기**

### ❶ ~해, ~해라

직접적인 말투의 명령문으로 화가 났을 때나 강하게 명령할 때 씁니다. 친하지 않은 사이에서 쓰면 실례이며 강한 말투라서 주로 남성들이 쓰는 표현입니다. 여성분들은 직접적인 표현대신 来(き)て(와)처럼 'て형'을 써서 부드럽게 말하는 것이 좋아요.

| 그룹 | 변화 형태 | 기본형 | 명령형 |
|---|---|---|---|
| 1그룹 동사 | 어미 ウ단 → エ단 | 行く | 行け |
| 2그룹 동사 | 어미 る삭제 → ろ(よ) | 食べる | 食べろ(よ) |
| 3그룹 동사 | 불규칙 | する<br>来る | しろ(せよ)<br>来い |

⇒ 주의) 走(はし)る와 같은 예외 1그룹 동사는 여기서는 2그룹 동사처럼 走(はし)れ로 변화합니다.

예) もっと あたまを 使え。 좀 더 머리를 써라.
　　さっさと 来い。 빨리 와.

### ❷ ~하지마

동사 기본형 끝에 な를 붙이면 '~하지마'라고 금지하는 표현이 됩니다. 강한 말투이므로 부드럽게 말하려면 역시 'て형'을 써서 ないで(~하지 말아줘)라고 합니다.

예) となりの 人と しゃべるな！ 옆 사람과 잡담하지 마!
　　心配するな。 걱정하지 마.

### ❸ ~하거라, ~해라

동사 ます형에 なさい를 붙이면 '~하거라'라고 부드럽게 명령·부탁하는 표현이 됩니다. 아랫사람에게 쓰는 말투인데 주로 엄마나 선생님이 아이들에게 말할 때 쓰는 경우가 많습니다.

예) ゲームばかり しないで、勉強しなさい。 게임만 하지 말고 공부해라.
　　もう やめなさい。 이제 그만하거라.

## 응용 회화

A: すみません、ここで たばこを 吸っても いいですか。

B: ここで たばこを 吸っては いけません。
   外は いいですけど、中は だめです。

A: そうですか。じゃ、ここで おべんとうを 食べても いいですか。

B: ええ、かまいませんよ。
   あそこに お茶が ありますから、飲んで ください。

A: わかりました。ありがとう ございます。

A : 실례지만 여기서 담배를 피워도 되나요?
B : 여기서 담배를 피워서는 안 됩니다. 밖은 괜찮지만 안은 안 됩니다.
A : 그런가요? 그럼 여기서 도시락을 먹어도 되나요?
B : 네, 괜찮습니다. 저기에 차가 있으니까 마시세요.
A : 알겠습니다. 고맙습니다.

**お弁当**(べんとう) 도시락
**いけません** 안 됩니다
**駄目**(だめ)**だ** 해서는 안 된다
**かまう** 상관하다, 지장을 주다
**わかりました** 알겠습니다

## 평가 테스트

**다음 문장을 해석하세요.**

1. よる 音楽を 聞いても いいですか。

   _____ .

2. ここで たばこを 吸っちゃ だめだ。

   _____ .

3. ろうかを 走るな。

   _____ .

**다음 대화를 완성하세요.**

4. A: ここで _____ 。 여기서 사진을 찍어도 될까요?

5. B: すみません、ここで _____ 。
   죄송합니다, 여기서 사진을 찍어서는 안 됩니다.

**다음 문장을 일본어로 만드세요.**

6. 사전을 사용해라. (사전 じしょ)

   _____ 。

7. 이것은 다림질을 하면 안 됩니다. (다림질을 하다 アイロンを かける)

   _____ 。

8. 저 방에 들어가도 되나요?

   _____ 。

9. 얌전하게 있거라. (얌전하게 있다 大人しく する)

   _____ 。

---

 정답

1. 밤에 음악을 들어도 되나요   2. 여기에서 담배를 피우면 안 된다   3. 복도에서 뛰지 마
4. しゃしんを とっても いいですか   5. しゃしんを とっては いけません
6. 自分(じぶん)の じしょを 使(つか)え / 使(つか)って   7. これは アイロンを かけては いけません
8. あの へやに 入(はい)っても いいですか   9. 大人(おとな)しく しなさい

# 나무 [き]

가지
▶ えだ [枝]
에다

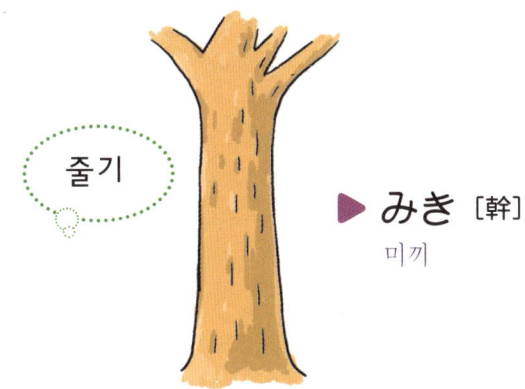
줄기
▶ みき [幹]
미끼

꽃봉오리
▶ つぼみ
츠보미

잎
▶ は [葉]
하

씨
▶ たね [種]
타네

싹
▶ め [芽]
메

뿌리
▶ ね [根]
네

# 일본 속담　日本のことわざ

* 愛多(あいおお)ければ憎(にく)しみ至(いた)る。
  사랑이 많은 이는 쉽게 미움에 이른다.

* 会(あ)うは別(わか)れのはじめ。
  만남은 이별의 시작.

* 悪妻(あくさい)は百年(ひゃくねん)の不作(ふさく)。
  악처는 백년 원수.

* 朝雨(あさあめ)と女房(にょうほう)のうでよくり。
  아침비와 마누라의 소매걷기. (아침에 내리는 비와 여자의 큰소리는 무섭지 않다)

* 朝寝(あさね)朝酒(あさざけ)朝風呂(あさぶろ)をすると身上(しんじょう)をつぶす。
  늦잠, 아침술, 아침목욕은 몸을 망친다.

* 朝飯前(あさめしまえ)。
  식은 죽 먹기.

* 後(あと)の祭(まつ)り。
  축제가 끝난 후의 가마 행차. (사후약방문)

* あばたもえくぼ。
  곰보도 보조개로 보인다. (제 눈에 안경)

* 石(いし)の上(うえ)にも三年(さんねん)。
  미꾸라지도 천 년이면 용 된다.

* 急(いそ)がば回(まわ)れ。
  급할수록 돌아가라.

* 一寸(いっすん)の虫(むし)にも五分(ごぶ)の魂(たましい)。
  한 치의 벌레에게도 다섯 푼의 혼이 있다.

* 井戸(いど)を掘(ほ)るなら水(みず)の出(で)るまで。
  우물을 판다면 물이 나올 때까지.

* 色男(いろおとこ)より稼(かせ)ぎ男(おとこ)。
  예쁜 남자보다 돈 잘 버는 남자.

❋ 色(いろ)の白(しろ)いは七難(しちなん)隠(かく)す。
  피부가 희면 7가지 흉이 가려진다.

❋ 上(うえ)には上(うえ)がある。
  뛰는 놈 위에 나는 놈 있다.

❋ 魚心(うおごころ)あれば水心(みずごころ)。
  가는 정이 있어야 오는 정이 있다.

❋ 氏(うじ)より育(そだ)ち。
  혈통보다는 교육.

❋ 浮氣(うわき)と乞食(こじき)は止(や)められぬ。
  바람기와 거렁뱅이 짓은 그만둘 수 없다.

❋ 絵(え)に描(か)いた餅(もち)。
  그림의 떡.

❋ 蝦(えび)で鯛(たい)を釣(つ)る。
  새우미끼로 도미를 낚는다.

❋ 男(おとこ)は女(おんな)の兎(うさぎ)みたいな丸(まる)い目(め)にこだわる。
  남자는 여자의 토끼같은 동그란 눈에 약하다.

❋ 男(おとこ)は度胸(どきょう)、女(おんな)は愛嬌(あいきょう)。
  남자는 배짱, 여자는 애교.

❋ 鬼(おに)も十八(じゅうはち)番茶(ばんちゃ)も出花(でばな)。
  도깨비도 18세, 싸구려 차도 갓 달이면 좋다. (도깨비도 때가 되면 아름답고, 싸구려 차도 갓 달이면 향기가 좋다)

❋ 尾(お)を振(ふ)る犬(いぬ)は叩(たた)かれず。
  꼬리를 흔드는 개는 맞지 않는다.

❋ 勝(か)ってかぶとの 緒(お)をしめよ。
  이긴 후에 투구의 끈을 묶어라. (이겼더라도 방심하지 말고 조심하라)

❋ 蟹(かに)は甲羅(こうら)ににせて穴(あな)を掘(ほ)る。
  게는 제 딱지에 알맞게 구멍을 판다.

❋ 金(かね)の切(き)れめが縁(えん)の切(き)れめ。
  돈 떨어지면 정도 떨어진다.

❋ 壁(かべ)に耳(みみ)。
  벽에도 귀가 있다.

❋ 可愛(かわい)い子(こ)には旅(たび)を させよ。
귀여운 아이는 여행을 시켜라.

❋ 聞(き)くは一時(いっとき)の恥(は)じ、聞(き)かぬは一生(いっしょう)の恥(は)じ。
묻는 것은 한때의 수치, 묻지 않음은 평생의 수치.

❋ 腐(くさ)っても 鯛(たい)。
썩어도 도미.

❋ 言(こと)よく人(ひと)を制(せい)す。
말로 사람을 제압하다.

❋ 歳月(さいげつ)は人(ひと)を待(ま)たず。
세월은 사람을 기다리지 않는다.

❋ 酒(さけ)と友人(ゆうじん)は古(ふる)いほど良(よ)い。
술과 친구는 오래될수록 좋다.

❋ 猿(さる)も木(き)から落(お)ちる。
원숭이도 나무에서 떨어진다.

❋ 去(さ)る者(もの)日々(ひび)に疎(うと)し。
떠난 사람은 날이 갈수록 멀어진다.

❋ 触(さわ)らぬ神(かみ)にたたり なし。
건드리지 않으면 탈이 나지 않는다.

❋ 地獄(じごく)の沙汰(さた)も金次第(かねしだい)。
지옥에 가는 일도 돈으로 좌우된다.

❋ 親(した)しき仲(なか)にも礼儀(れいぎ)あり。
친한 사이에도 예의가 있다.

❋ 小(しょう)をもって大(たい)を成(な)す。
작은 것으로 큰 것을 이룬다.

❋ 知(し)らぬが仏(ほとけ)。
모르는 게 부처님. (모르고 있으면 부처님 같이 편할 수 있다)

❋ 住(す)めば都(みやこ)。
정들면 고향.

❋ 大鼓判(たいこばん)を押(お)す。
북처럼 큰 도장으로 찍는다. (장담하다. 확실하다는 의미)

* 鯛(たい)の尾(お)より鰯(いわし)の頭(あたま)。
  도미의 꼬리보다는 정어리의 머리. (용꼬리보다는 뱀의 머리가 낫다)

* ただより高(たか)いものはない。
  공짜보다 비싼 것은 없다.

* 長者(ちょうじゃ)の娘(むすめ)もこうてみよ。
  부자의 딸이라도 달라고나 해보자.

* 珍客(ちんきゃく)も長座(ながざ)にすぎれば厭(いと)われる。
  귀한 손님도 오래 있으면 미움 산다.

* 月(つき)とすっぽん。
  달과 자라. (천양지차)

* 鶴(つる)の一声(ひとこえ)。
  무리의 천 마디 말보다 뛰어난 자의 한 마디.

* 天(てん)は自(みずか)ら助(たす)くるものを助(たす)く。
  하늘은 스스로 돕는 자를 돕는다.

* 同気相求(どうきあいもと)む。
  뜻이 맞는 사람끼리 모인다.

* 遠(とお)くの親戚(しんるい)より近(ちか)くの他人(たにん)。
  멀리 사는 친척보다 가까운 이웃.

* 時(とき)は金(かね)なり。
  시간은 금이다.

* なくて七癖(ななくせ)あって四十九(しじゅうく)癖(くせ)。
  없는 사람도 일곱 가지 버릇, 있는 사람은 49개의 버릇. (누구나 결점이 있다)

* 情(なさけ)は人(ひと)の為(ため)ならず。
  인정을 베푸는 것은 남을 위해서 하는 것이 아니다.

* 成(な)せば成(な)る。
  하면 된다!

* 鍋釜(なべかま)が賑(にぎ)わう。
  냄비와 솥에서 음식이 많이 끓는다. (생활이 풍족하다)

* 名(な)を取(と)るより実(じつ)を取(と)れ。
  이름보다는 실리를 취하라.

✱ 二兎(にと)を追(お)う者(もの)は一兎(いっと)をも得(え)ず。
두 마리 토끼를 쫓는 자는 한 마리도 얻지 못한다.

✱ 女房(にょうぼう)と畳(たたみ)は新(あたら)しいほど良(よ)い。
마누라와 다다미는 새것일수록 좋다.

✱ 猫(ねこ)も杓子(しゃくし)も。
아무나 (=개나 소나)

✱ 猫(ねこ)を被(かぶ)る。
고양이를 뒤집어쓰다 (알면서 시치미 떼다)

✱ 早起(はやおき)は三文(さんもん)の得(とく)。
아침 일찍 일어나는 것은 삼문 이익이다.　＊文(もん)：화폐의 단위

✱ 腹(はら)が減(へ)っては戦(いくさ)が出来(でき)ぬ。
배고프면 전쟁을 할 수 없다.

✱ 腹八分(はらはちぶ)に病(やまい)なし。
적당히 먹는 사람에게는 병이 없다.

✱ 人(ひと)のふんどしで相撲(すもう)を取(と)る。
남의 샅바로 씨름을 하다.

✱ 独(ひと)り相撲(ずもう)。
혼자서 하는 씨름. (아무도 상대를 하지 않는데 혼자서 설치는 것)

✱ 負(ま)けるが勝(か)ち。
지는 것이 이기는 것이다.

✱ 目(め)は口(くち)ほどにものを言(い)う。
눈은 입만큼 말한다.

✱ ものは言(い)いよう。
말은 할 탓이라.

✱ 山(やま)高(たか)きが故(ゆえ)に貴(とうと)からず。
산이 높기만 해서 귀한 것은 아니다. (겉치레보다는 내실이 중요하다)

✱ 夜目(よめ)遠目(とおめ)傘(かさ)の內(うち)。
밤에 볼 때, 멀리서 볼 때, 우산 속에 있을 때. (흐릿하게 보이면 아무나 미인으로 보인다)

✱ 依(よ)らば大樹(たいじゅ)の陰(かげ)。
피하려면 큰 나무 그늘

히라가나부터 기본 문법·회화까지
## 이것이 독학 일본어 첫걸음이다!

초판 39쇄 발행 | 2025년 3월 5일

지은이 | 이화승·박소희
디자인 | 박소희
일러스트 | 정병철, 황종익
편　집 | 홍경래
성　우 | 한국인 : 엄현정
　　　　일본인 : 伊藤 恭子, 山野内 扶
제　작 | 선경프린테크
펴낸곳 | Vitamin Book
펴낸이 | 박영진

등　록 | 제318-2004-00072호
주　소 | 07250 서울특별시 영등포구 영등포로 37길 18 리첸스타2차 206호
전　화 | 02) 2677-1064
팩　스 | 02) 2677-1026
이메일 | vitaminbooks@naver.com
웹하드 | ID  vitaminbook / PW  vitamin

© 2009 Vitamin Book
ISBN 978-89-92683-25-8 (13730)

잘못 만들어진 책은 바꿔드립니다.

# 웹하드에서 mp3 파일 다운 받는 방법

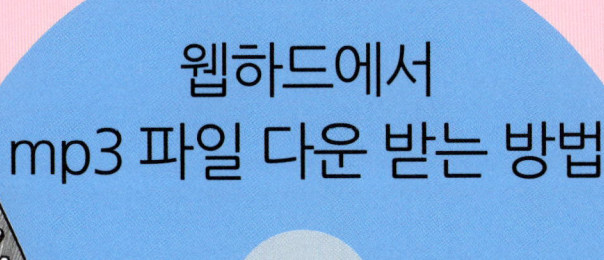

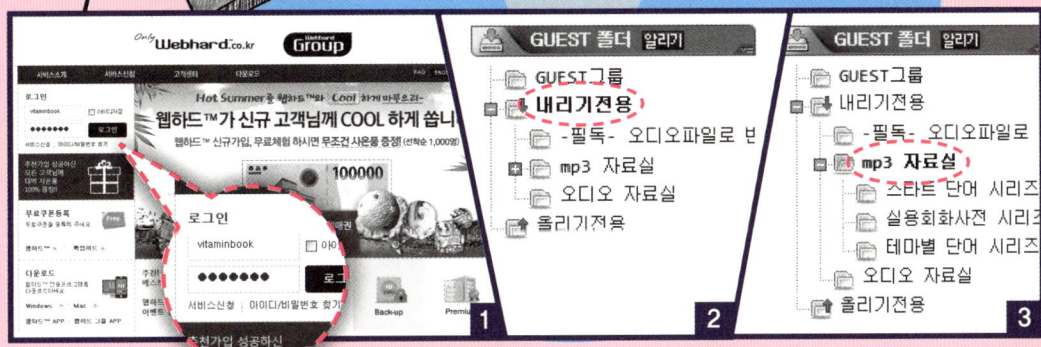

## 💗 다운 방법

**STEP 01**  웹하드 (www.webhard.co.kr) 에 접속
아이디 (vitaminbook) 비밀번호 (vitamin) 로그인 클릭

▼

**STEP 02**  내리기전용 클릭

▼

**STEP 03**  Mp3 자료실 클릭

▼

**STEP 04**  이것이 독학 일본어 첫걸음이다! 클릭하여 다운